Dépôt légal 1er trimestre 1987
Bibliothèque nationale du Québec
ISBN-2-920675-02-8

La Grande Collection Micro-Ondes

Le Boeuf

Grolier Limitée
MONTRÉAL, QUÉ.

Introduction

Comment utiliser ce livre
Conçus pour vous faciliter la tâche, les livres de la *Grande Collection* présentent leurs recettes d'une manière uniforme.

Nous vous suggérons de consulter en premier lieu la fiche signalétique de la recette. Vous y trouverez tous les renseignements dont vous avez besoin pour décider si vous êtes en mesure d'entreprendre la préparation d'un plat: temps de préparation, coût par portion, degré de complexité, nombre de calories par portion et autres renseignements pertinents. Par exemple, si vous ne disposez que de 30 minutes pour préparer le repas du soir, vous saurez rapidement quelle recette convient à votre horaire.

La liste des ingrédients est toujours clairement séparée du corps du texte et, lorsque l'espace nous le permettait, nous avons ajouté une photographie de ces éléments regroupés: vous disposez donc d'une référence visuelle. Cet aide-mémoire, qui vous évite de relire la liste, constitue une autre façon d'économiser votre temps précieux.

Par ailleurs, pour les recettes comportant plusieurs étapes de préparation, nous avons illustré celles qui nous semblaient les plus importantes pour le succès de la recette ou la présentation du plat.
La cuisson de tous les plats présentés est faite dans un four à micro-ondes de 700 W. Si la puissance de votre four est différente, consultez le tableau de conversion des durées de cuisson que vous trouverez à la page 6.
Soulignons que le temps de cuisson donné dans le livre est un temps minimal. Au besoin, si la cuisson du plat ne vous semble pas suffisante, vous pourrez le remettre au four quelques minutes. En outre, le temps de cuisson peut varier selon la teneur en humidité et en gras, l'épaisseur, la forme, voire même la provenance des aliments. Aussi, avons-nous prévu, pour chaque recette, un espace vierge dans lequel vous pourrez inscrire le temps de cuisson vous convenant le mieux. Cela vous permettra d'ajouter une touche personnelle aux recettes que nous vous suggérons et de reproduire sans difficulté vos meilleurs résultats.

Bien que nous ayons regroupé les informations techniques en début de volume, nous avons parsemé l'ouvrage de petits encadrés, appelés **TRUCS MO**, expliquant des techniques particulières. Concis et clairs, ils vous aideront à mieux réussir vos mets.

Dès la préparation de la première recette, vous découvrirez à quel point la cuisine micro-ondes fait appel à des techniques simples que, dans bien des cas, vous utilisiez déjà pour la cuisson au moyen d'une cuisinière traditionnelle.
Si pour vous, comme pour nous, cuisiner est un plaisir, le faire au four à micro-ondes agrémentera encore davantage vos préparations culinaires.
Mais c'est déjà prêt.
À table.

L'éditeur

Table des matières

Introduction **4**

Niveaux de puissance **6**

Table de conversion **7**

Les coupes de bœuf **8**

Les particularités de la viande et les micro-ondes **11**

Apparence et brunissage des viandes **13**

Achat et conservation du bœuf **15**

La congélation du bœuf **16**

La décongélation **19**

Temps de cuisson **22**

Les ustensiles de cuisson **26**

Aromates, épices et condiments pour le bœuf **28**

Recettes **30**

Pour attendrir les coupes moins tendres **46**

Les mots du bœuf **106**

Les appellations culinaires **108**

Index **109**

La Grande Collection Micro-Ondes se veut une encyclopédie complète de l'art culinaire adapté à la cuisson au four à micro-ondes. Pour la première fois, les ménages québécois pourront consulter un ouvrage exhaustif, consacré à la cuisson micro-ondes, entièrement conçu et réalisé au Québec.

Chacun des vingt-six tomes se concentre sur un thème précis, ce qui en facilite la consultation. Ainsi, par exemple, si vous cherchez des idées pour apprêter une volaille, vous n'aurez qu'à vous référer à l'un des deux livres consacrés à cette question. Il est à noter que chaque livre s'accompagne de son index et que le dernier ouvrage de la Grande Collection présente un index général de l'ensemble.

Facile à consulter, la Grande Collection Micro-Ondes, qui offre plus de mille deux cents recettes, saura devenir un outil culinaire aussi utile et indispensable que votre four à micro-ondes.
Bonne lecture et, surtout, bon appétit!

Niveaux de puissance

Toutes les recettes de ce livre ont été testées dans un four de 700 W. Comme il existe un grand nombre de fours à micro-ondes dans le commerce, avec des niveaux de puissance différents, et que les appellations de ces niveaux varient d'un fabricant à l'autre, nous avons préféré donner des pourcentages. Pour adapter les niveaux de puissance donnés, consultez le tableau ci-contre et le livret d'utilisation afférent à votre four.

Ainsi, si vous possédez un four de 500 W ou de 600 W, vous devrez majorer les temps de cuisson mentionnés d'environ 30 %. Précisons que plus la durée de cuisson est brève, plus la majoration peut être importante en termes de pourcentage. Le chiffre de 30 % ne représente donc qu'une moyenne. Consultez le tableau ci-contre pour vous aider à ce chapitre.

Tableau d'intensité

FORT - HIGH : 100 % - 90 %	Légumes (sauf pommes de terre bouilies et carottes) Soupes Sauces Fruits Coloration de la viande hachée Plat à rôtir Maïs soufflé
MOYEN - FORT - MEDIUM HIGH : 80 % - 70 %	Décongélation rapide de mets déjà cuits Muffins Quelques gâteaux Hot dogs
MOYEN - MEDIUM : 60 % - 50 %	Cuisson des viandes tendres Gâteaux Poissons Fruits de mer Oeufs Réchauffage des aliments Pommes de terre bouillies et carottes
MOYEN - DOUX - MEDIUM LOW : 40 %	Cuisson de viandes moins tendres Mijotage Fonte du chocolat
DÉCONGÉLATION - DEFROST : 30 % **DOUX - LOW : 20 % - 30 %**	Décongélation Mijotage Cuisson de viandes moins tendres
MAINTIEN - WARM : 10 %	Maintien au chaud Levage de la pâte à pain

700 W	600 W*
5 s	11 s
15 s	20 s
30 s	40 s
45 s	1 min
1 min	1 min 20 s
2 min	2 min 40 s
3 min	4 min
4 min	5 min 20 s
5 min	6 min 40 s
6 min	8 min
7 min	9 min 20 s
8 min	10 min 40 s
9 min	12 min
10 min	13 min 30 s
20 min	26 min 40 s
30 min	40 min
40 min	53 min 40 s
50 min	66 min 40 s
1 h	1 h 20 min

* Il y a peu de différence entre les durées applicables aux fours de 500 watts et ceux de 600 watts.

Table de conversion

Table de conversion des principales mesures utilisées en cuisine	Mesures liquides	Mesures de poids
	1 c. à thé . . . . 5 ml	2,2 lb . . . . 1 kg (1 000 g)
	1 c. à soupe . . . . 15 ml	1,1 lb . . . . 500 g
		0,5 lb . . . . 225 g
	1 pinte . . . (4 tasses) . . . 1 litre	0,25 lb . . . . 115 g
	1 chopine . (2 tasses) . 500 ml	1 oz . . . . 30 g
	1 tasse . . . . 250 ml	
	1/2 tasse . . . . 125 ml	
	1/4 de tasse . . . . 50 ml	

Équivalence métrique des températures de cuisson		
	49°C . . . . 120°F	120°C . . . . 250°F
	54°C . . . . 130°F	135°C . . . . 275°F
	60°C . . . . 140°F	150°C . . . . 300°F
	66°C . . . . 150°F	160°C . . . . 325°F
	71°C . . . . 160°F	180°C . . . . 350°F
	77°C . . . . 170°F	190°C . . . . 375°F
	82°C . . . . 180°F	200°C . . . . 400°F
	93°C . . . . 190°F	220°C . . . . 425°F
	107°C . . . . 200°F	230°C . . . . 450°F

Les lecteurs noteront que, dans les recettes, nous convertissons 250 ml en 1 tasse ou encore 450 g en 1 lb. Cela s'explique par le fait qu'en cuisine, il est peu pratique de donner des conversions arithmétiques justes. En effet, les instruments de mesure ne permettent pas d'obtenir des quantités aussi précises mais peu commodes que 454 g (1 lb), par exemple. Nous devons donc utiliser des équivalences approximatives, ce qui peut donner lieu à certaines contradictions arithmétiques. Par contre, du fait que les quantités sont toujours exprimées dans les deux systèmes de mesure (métrique et impérial), cette façon de procéder ne devrait poser aucune difficulté.

Les symboles

Légende des pictogrammes

Dans le but de faciliter la lecture des fiches signalétiques des recettes, nous avons prévu des pictogrammes indiquant le niveau de complexité et le coût.

Le symbole  vous rappelle d'inscrire votre temps de cuisson dans l'espace prévu à cette fin.

Complexité

préparation facile

difficulté moyenne

préparation pouvant comporter certaines difficultés

Coût par portion

$ économique

$ $ coût moyen

$ $ $ coût élevé

Les coupes du boeuf

Que l'on utilise une cuisinière conventionnelle ou un four micro-ondes, la méthode ainsi que le temps de cuisson varient selon la tendreté de la coupe choisie. C'est ainsi que la plupart des coupes tendres peuvent être cuites à des niveaux de puissance élevés pendant un temps relativement court. Toutefois, et cela va de soi, les coupes moins tendres nécessitent une cuisson plus lente et prolongée à des niveaux de puissance plus faibles. Par contre, le four micro-ondes offre l'avantage, tout en donnant les mêmes résultats, d'économiser un temps précieux.

On distingue trois degrés de tendreté du boeuf. On retrouve les coupes très tendres, mi-tendres et moins tendres. Les coupes tendres se regroupent dans le centre supérieur du quartier de boeuf: la côte, la longe et la surlonge. Quant aux coupes de tendreté moyenne, elles se concentrent dans les extrémités de la carcasse c'est-à-dire la cuisse et le bloc d'épaule. Enfin, les coupes franchement moins tendres sont réparties sur l'avant de l'épaule, la pointe de poitrine et le jarret, sur la poitrine en tant que telle ainsi que sur le flanc.

La coupe n'est cependant pas, et de loin, la seule particularité du boeuf qui en affecte la qualité et la saveur. On doit également tenir compte de la teneur en gras, de la maturité de l'animal, de la fermeté de même que de la couleur. Comme la plupart d'entre nous sommes des profanes, sans formation en boucherie, le gouvernement du Canada a institué un système de classement de boeuf qui se targue d'être l'un des meilleurs au monde.

Ce système prévoit cinq grandes classes, ou catégories, de boeuf. La viande la plus courante, et aussi la plus appréciée, est celle de catégorie A.

Catégorie Canada A

Cette catégorie se subdivise en quatre classes (A-1, A-2, A-3 et A-4) selon la couverture en gras. A-1 offre le moins de gras, tandis que les viandes A-2 et A-3 présentent plus de gras et en général plus de persillage. Enfin, les pièces A-4 contiennent le plus de gras et offrent un moins bon rendement en chair, ce qui en augmente le coût de revient. Au Canada, 71 % du boeuf produit est de catégorie A.

Catégorie Canada B

Il s'agit d'un boeuf de qualité inférieure, provenant d'animaux jeunes. Les pièces de cette catégorie, qui comprend également quatre sous-classes, alimentent surtout le marché des institutions. Cette catégorie représente à peine 3 % du boeuf classé.

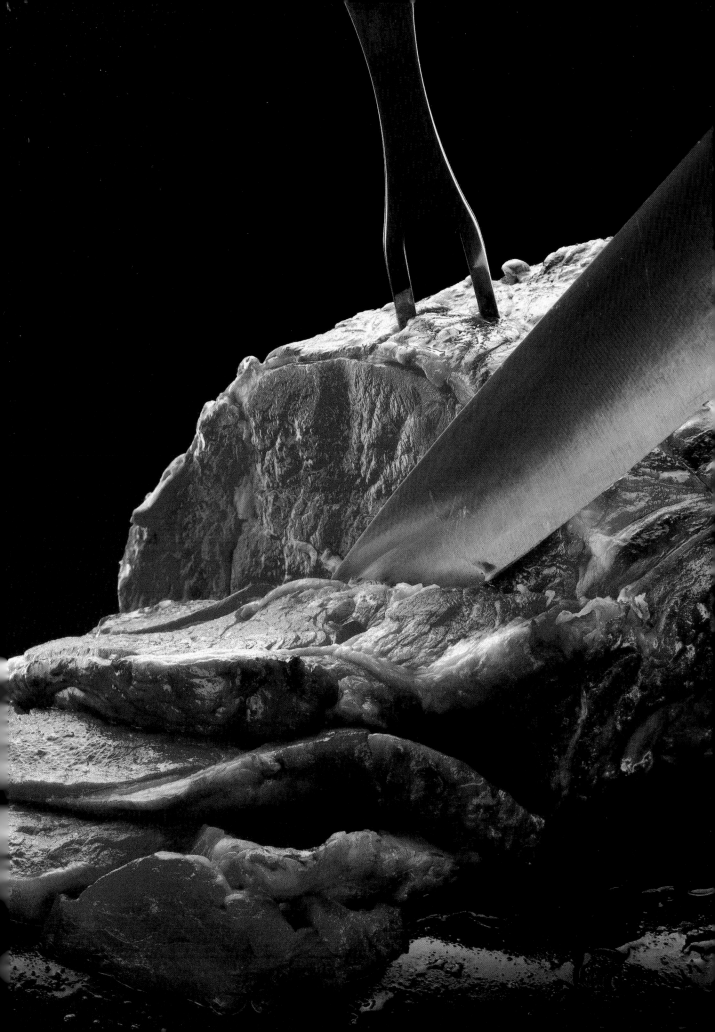

Catégorie Canada C

L'on retrouve dans cette classe de la viande en provenance d'animaux d'âge intermédiaire et de jeunes bovins ne correspondant pas aux standards de qualité des deux catégories précédentes. Cette catégorie, qui est ordinairement transformée ou vendue au commerce de la charcuterie, ne représente que 4 % de la viande de boeuf produite au pays.

Catégorie Canada D

Cette catégorie s'applique aux coupes des vaches adultes. La viande de cette classe entre généralement dans la fabrication de conserves, de boeuf haché. Elle occupe une part relativement importante dans le bilan de la production bovine au Canada (21 %).

Catégorie Canada E

L'on retrouve dans cette catégorie la viande de boeufs adultes. Son utilisation est similaire à celle de catégorie D.

Pour nous aider à facilement reconnaître ces catégories, les inspecteurs du gouvernement fédéral estampillent la viande selon un code de couleurs. Par exemple, la catégorie A est identifiée par une marque rouge, B, à l'encre bleue, et brune pour les viandes de catégorie C. Une marque noire identifie les classes D et E. Le tableau ci-contre récapitule toutes les informations données.

Les coupes du boeuf

Identification de la coupe	Mode de cuisson/ niveau de puissance
Coupes tendres	
Rôti de côtes	Rôtissage/ 70 %
Biftecks (côte, contre-filet, filet, aloyau, surlonge)	Plat à brunir et rôtissage/ 100 %
Coupes mi-tendres	
Rôti de pointe de surlonge, côtes croisées, croupe, haut de ronde, noix de ronde	Rôtissage/ moitié de la cuisson à 70 % autre moitié à 25 %
Côtes croisées, palette, extérieur de ronde	Braisage-mijotage/ 70 % ou cuisson plus lente 25 %
Coupes moins tendres	
Épaule, pointe de poitrine	Macération et mijotage à 25 %

Classement du boeuf

Catégorie	Sous-classe	Provenance	Remarques
Canada A (marque rouge)	A-1, A-2, A-3, A-4, A-5	Jeunes bovins	Viande de la plus grande qualité. Chair maigre, rouge vif, texture ferme. Léger persillage. Gras blanc et ferme.
Canada B (marque bleue)	B-1, B-2, B-3, B-4, B-5	Animaux jeunes	Maigre, moyennement foncée, texture modérément ferme. Aucun persillage. Gras allant du blanc au jaunâtre, pouvant être un peu mou.
Canada C (marque brune)		Animaux jeunes ou d'âge intermédiaire	Qualité quelque peu inférieure aux pièces Canada A et B.
Canada D (marque noire)		Vaches adultes	
Canada E (marque noire)		Boeufs adultes	

Les particularités de la viande et les micro-ondes

Les particularités des viandes influent sur leur cuisson. La quantité et la distribution des matières grasses constituent les facteurs les plus importants. Il faut également tenir compte de la quantité et de l'emplacement des os, de la forme et de la grosseur de la pièce de viande. Enfin, la tendreté de la coupe détermine le mode de cuisson utilisé.

1.
Une viande bien persillée est généralement plus tendre qu'une viande très maigre. Les petites lignes de gras à l'intérieur de la viande lui confèrent une belle texture, en relèvent la saveur et contribuent à en retenir les jus pendant la cuisson.

2.
Pour illustrer la distribution des micro-ondes dans le four et leur action sur les aliments, nous avons effectué un test très simple. Nous avons disposé des

2,5 cm
(1 po)

La forme des morceaux de viande influe également sur leur cuisson. Par exemple, on placera un rôti rond, de forme régulière, au centre du plat de cuisson. Quant aux morceaux de forme irrégulière, on les disposera de manière que les parties les moins charnues se trouvent au centre du plat.

La grosseur des morceaux est également un facteur dont on doit tenir compte. Lors de la préparation de cubes, il est préférable de couper des morceaux de la taille la plus égale possible, environ 2,5 cm. Par contre, si les cubes sont de grosseur inégale, disposer les plus gros sur les pourtours du plat et les plus petits, vers le centre.

Dans le but d'assurer une cuisson uniforme, disposer les viandes renfermant des os de façon que leurs parties osseuses soient orientées vers le centre du plat, là où les micro-ondes se concentrent en moins grande quantité.

tranches de fromage sur un plat et les avons mises au four à 100 % de puissance. Comme vous pouvez le constater, la cuisson du fromage se trouvant vers l'extérieur du plat est plus avancée que celle des tranches se trouvant au centre. Cela explique pourquoi il est nécessaire, en vue d'assurer une cuisson uniforme des aliments, de placer les parties les moins charnues vers l'intérieur. Nous vous recommandons de procéder au même test avec votre four, car la distribution de l'énergie peut varier d'une marque de four à une autre.

3.
Les viandes sont souvent recouvertes de gras. Si la couche de gras est d'une épaisseur égale, la cuisson sera plus uniforme. Par contre, si la couche de gras n'est pas également répartie, la viande se trouvant à proximité des couches plus épaisses aura tendance à cuire plus vite. Il est donc recommandé de trancher les excès de gras de manière à favoriser une cuisson uniforme.

4.
Plusieurs pièces de boeuf renferment un os. Aussi faut-il en tenir compte pour la cuisson. Par exemple, si l'os se trouve à moins de 2,5 cm (1 po) de la surface de la viande, il réfléchit l'énergie des micro-ondes sur la viande avoisinante, ce qui en accélère la cuisson. Par contre, les os se trouvant au centre de la pièce, à plus de 2,5 cm de la surface, influeront peu sur la rapidité de la cuisson. Il est donc recommandé de disposer les viandes renfermant des os de manière que leurs parties les moins charnues soient orientées vers l'intérieur du plat.

5.
Ce ne sont pas tous les morceaux de boeuf qui empruntent une belle forme régulière. Aussi, les pièces de forme irrégulière doivent-elles être disposées de façon que les parties moins charnues soient vers l'intérieur du plat. En outre, il peut être utile de les recouvrir de papier aluminium, en prenant soin de mettre le côté brillant contre la viande.

6.
Parce que les extrémités d'un morceau de viande se trouvent nécessairement orientées vers l'extérieur, elles auront tendance à cuire plus rapidement que le centre. Pour obtenir une cuisson uniforme, on doit alors les protéger de l'énergie des micro-ondes en les recouvrant de papier aluminium.

7.
L'épaisseur et la grosseur des morceaux de viande influent également sur le temps de cuisson. Cela est particulièrement important lors de la préparation de plats comportant plusieurs morceaux, comme dans le cas d'un ragoût. Si la grosseur des cubes de boeuf n'est pas uniforme, placez les plus gros vers l'extérieur du plat et les plus petits vers le centre.

Apparence et brunissage des viandes

La critique la plus répandue dirigée contre la cuisson au four micro-ondes concerne l'apparence des viandes. Plusieurs soutiennent en effet que les rôtis et autres viandes ne brunissent pas sous l'effet des micro-ondes.

De telles affirmations sont tout à fait injustifiées.

N'est-il pas parfois nécessaire, avant de mettre un rôti de porc, un poulet ou une autre viande au four, de la faire rissoler pour lui conférer une belle apparence dorée? Alors la même opération précédant la cuisson aux micro-ondes ne devrait ni nous surprendre ni nous décourager. Il s'agit de faire

chauffer pendant environ sept minutes, à 100 % de puissance, un plat spécial, appelé plat à rôtir. On y ajoute ensuite de l'huile et on remet le tout au four pendant 30 secondes. Au sortir du four, l'huile est chaude; on peut donc y mettre la viande et la faire brunir sur toute sa surface avant d'amorcer la cuisson comme telle.

On peut aussi utiliser des substances de brunissage dont on badigeonne la surface des viandes dans le but de leur donner de la couleur. Bien que les résultats soient convaincants, nous ne recommandons pas l'utilisation de telles substances car nous considérons qu'elles masquent la saveur des viandes. Mais en cuisine, comme il se doit, tout est question de goût. Aussi, avons-nous dressé un petit tableau des agents de brunissage couramment utilisés pour les viandes de boeuf. Vous pourrez ainsi en faire l'expérience et décider de les adopter ou non.

△ AU FOUR MICRO-ONDES. △ AU FOUR CONVENTIONNEL

Dans un four micro-ondes, une viande grasse cuite pendant plus de dix minutes brunit et prend une belle apparence dorée. Les pièces plus grosses, comme un rôti de côtes, revêtiront la même apparence que celles cuites au four conventionnel mais leur surface ne deviendra pas sèche.

Sauces et assaisonnements à utiliser pour brunir les biftecks

La sauce soya, la sauce Teriyaki, la sauce barbecue, les sauces brunes et fruitées auxquelles on ajoute du beurre fondu, la sauce Worcestershire, les sauces à bifteck ajoutées à de l'eau, la soupe à l'oignon en sachet, le bouillon de boeuf liquide ou en poudre et les préparations épicées à la mexicaine sont autant de sauces et assaisonnements pouvant être utilisés pour badigeonner les biftecks avant de les faire cuire, contribuant à leur donner une couleur attrayante tout en rehaussant leur saveur.

Substances de brunissage

Substances	Viande	Remarques
Sauce soya ou Teriyaki	Croquettes de boeuf, rôtis	Badigeonner
Sauce barbecue	Croquettes de boeuf, côtes	Badigeonner ou verser
Sauce bouquet brune et beurre fondu	Croquettes de boeuf, rôtis	Badigeonner
Sauce Worcestershire	Croquettes de boeuf, biftecks, rôtis	Badigeonner
Mélange de soupe à l'oignon ou de sauce, poudre à bouillon	Croquettes de boeuf, rôtis	Saupoudrer la viande avant de mettre au four
Assaisonnement pour tacos	Croquettes de boeuf	Saupoudrer la viande avant de mettre au four

Achat et conservation du boeuf

La qualité des ingrédients détermine la qualité du plat. On ne peut espérer transformer en un rôti juteux et savoureux un morceau de viande devenu rance. Pour prévenir de telles déceptions, on doit savoir non seulement comment choisir sa viande mais aussi comment la conserver dans les meilleures conditions.

Choisissez une viande dont le gras est d'un blanc crémeux et ferme. Évitez des viandes dont le gras est jauni, ramolli ou d'une apparence huileuse. La chair doit être ferme, légèrement persillée et l'os, s'il y a lieu, doit être poreux et rougeâtre. Qu'elle soit d'un rouge foncé ou clair, la viande doit toujours être d'une couleur brillante. Le tableau sur cette page vous aidera à déterminer la quantité de viande à acheter en fonction du nombre de portions et de leur grosseur.

Quantité recommandée selon la coupe

Coupe	Quantité par portion
Biftecks et rôtis désossés	115 g à 140 g (1/4 à 1/3 lb)
Rôtis de côtes et morceaux à braiser	140 g à 225 g (1/3 à 1/2 lb)
Bifteck de ronde	140 g à 225 g (1/3 à 1/2 lb)
Coupes avec grande quantité de gras et d'os (croupe, bout de côtes, jarret)	450 g (1 lb)

Quelle quantité acheter?

Vos achats de viande doivent être planifiés en fonction du nombre de portions et non pas du nombre de convives. Il vous faut tenir compte de l'appétit des membres de votre famille ou de vos invités, de la façon dont la viande sera servie et de la quantité de gras et d'os de la pièce.

Choisissez des rôtis pesant au moins 1,5 kg (environ 3 livres). Si cetttе quantité excède vos besoins, planifiez un ou des repas avec les restes.

Il est préférable d'acheter la viande en fonction de son coût par portion plutôt que par rapport à son poids. Par exemple, un rôti de palette avec os donne deux portions par 450 g (environ 1 lb), tandis que la même pièce désossée donne trois portions par livre. Ainsi, si le prix du rôti désossé ne dépasse pas de plus de 30 % celui de la pièce avec os, son coût de revient par portion est inférieur. Il s'agit donc d'un choix plus économique.

TRUCS

La congélation des morceaux de forme irrégulière
Si vous utilisez du papier aluminium pour emballer des coupes de boeuf de forme irrégulière, il est recommandé de recouvrir les parties saillantes avant de recouvrir toute la pièce. Avec une double couche de papier, les parties saillantes de la viande sont protégées en cas de bris de la feuille de papier extérieure.

Nous vous recommandons d'utiliser des sacs de congélation scellés à vide qui assurent une meilleure protection à vos viandes.

15

La congélation du boeuf

À l'instar des autres viandes, le boeuf se conserve bien au congélateur. Cette caractéristique vous permet de faire provision de boeuf et de profiter des nombreux rabais offerts par votre boucher ou magasin d'alimentation. La conservation de denrées au congélateur exige cependant un minimum de préparation et de gestion de manière à éviter les pertes et à tirer pleinement profit de toute la saveur des viandes.

La congélation sous vide constitue la méthode la plus sûre pour protéger vos précieux rôtis et autres viandes de la brûlure par le froid.

L'emballage

Une conservation appropriée de la viande vise à réduire au strict minimum la prolifération de micro-organismes.
Autrefois, pour ce faire, on faisait sécher et on salait la viande. Les marins, appelés parfois à passer de longues semaines sans voir de terre, pourraient sûrement discourir longtemps sur les vertus et qualités des viandes ainsi conservées et apprêtées.
Heureusement pour nous, il existe maintenant une technique de conservation qui a le mérite de ne rien enlever à la saveur initiale. Simple et à la portée de tous, la technique de la congélation impose toutefois d'apporter certains soins à la viande avant de l'exposer à des températures aussi extrêmes, car l'air sec et froid peut

l'attaquer et la faire dépérir. On doit donc protéger la viande en la mettant dans un emballage imperméable à l'air et à l'eau. En effet, le contact avec l'air provoquerait le dessèchement de la viande et son brunissement. C'est ce que l'on appelle la brûlure par le froid. Il faut également s'assurer que les emballages ne laissent échapper ni entrer de liquides. Si le sang ou le suc des viandes devait s'écouler et pénétrer dans l'emballage contenant des légumes par exemple, cela aurait pour conséquence non seulement de priver la viande de ses liquides naturels mais aussi d'altérer le goût des légumes tout en risquant de les ruiner.
Du fait que plusieurs récipients et plats ne

pouvant aller dans un four traditionnel conviennent au four micro-ondes, vous pouvez congeler vos denrées en prévision de les mettre directement au four en vue de la décongélation ou de la cuisson. Il vous est donc possible d'utiliser des récipients et des sacs en plastique ou encore des emballages pouvant être scellés à vide. Mais, peu importe l'emballage ou le récipient, il faut vous assurer que :

1. le tout est hermétiquement fermé;

2. le contenu, la quantité, la date de congélation et la durée maximale de conservation sont clairement inscrits sur une étiquette apposée sur l'emballage.

Les rôtis

À moins de posséder un dispositif d'emballage sous vide, il est recommandé d'emballer les rôtis dans un papier plastique ou un papier aluminium de manière à bien serrer la viande contre la feuille de papier.

Durée de conservation des viandes

Coupe	Au réfrigérateur	Au congélateur
Rôtis	3 jours	8 à 12 mois
Biftecks	3 jours	6 à 9 mois
Boeuf à ragoût	2 jours	6 mois
Boeuf haché	2 jours	3 à 6 mois
Abats	1 à 2 jours	3 mois
Boeuf cuit	7 jours	3 mois

Bien envelopper la viande dans un emballage approprié, imperméable à l'air et à l'humidité, pour éviter la brûlure par le froid.

Biftecks et croquettes

Pour faire un paquet bien fermé et se rangeant aisément dans le congélateur, il est recommandé d'empiler les biftecks et les croquettes. Placez une feuille de papier ciré ou de papier enduit de plastique de manière à en faciliter la séparation lors de la décongélation.

Plats cuisinés

Dans la plupart des cas, les plats cuisinés sont congelés pour être par la suite décongelés et réchauffés directement au four micro-ondes. Pour vous faciliter la tâche à ce chapitre, placez un sac de congélation dans un plat de plastique. Au sortir du congélateur, vous n'aurez qu'à mettre le tout au four.

Le foie

Pour en faciliter la décongélation ultérieure, repliez les tranches de foie avant de les placer au congélateur.

Il existe dans le commerce des sacs de congélation très pratiques et faciles à utiliser. Ils permettent en effet une fermeture étanche. Si vous ne disposez pas de tels sacs, vous pouvez prendre des sacs ordinaires et les vider de leur air au moyen d'une paille.

Le four micro-ondes offre l'avantage de permettre l'utilisation des mêmes plats pour la congélation et pour la cuisson. À cet égard, certains contenants en plastique conviennent parfaitement. Vous n'avez donc pas à vous acheter des plats en sus lorsque vous vous portez acquéreur d'un four micro-ondes.

Pour refermer les sacs de congélation appelés à aller directement au four, n'utilisez pas d'attaches comportant un filament métallique. Utilisez plutôt des attaches en plastique, conçues spécifiquement pour le four micro-ondes.

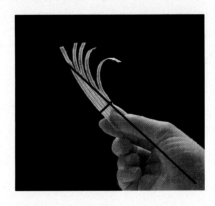

TRUCS

Pour un repas-minute en quelques secondes

Que vous vous les procuriez dans le commerce ou que vous en assumiez vous-même la préparation, les repas-minute (TV dinners) méritent vraiment leur appellation au four micro-ondes.

Si le plat préparé a été congelé dans son emballage commercial d'origine, généralement une assiette jetable en papier aluminium, placez-le dans une assiette de service allant au four micro-ondes. Votre repas sera prêt en un tournemain. Par ailleurs, si vous préférez vos propres recettes, faites les préparations normalement, divisez le tout en trois ou quatre portions et mettez les portions dans des assiettes de service allant au congélateur. Ainsi, lorsque vous serez pris de court par un horaire plus que serré, vous n'aurez qu'à sortir l'assiette du congélateur et à la mettre au four. Vous mangerez bien, même en coup de vent!

La décongélation

Une congélation appropriée et une décongélation soignée permettent de conserver au boeuf toute sa saveur d'origine. Le four micro-ondes offre l'avantage de permettre une décongélation rapide et contrôlée.

La décongélation des rôtis

En fait, la meilleure méthode de décongélation est celle qui se fait en lenteur, dans le réfrigérateur. Malheureusement, de nos jours, les horaires sont tels que peu d'entre nous avons le temps d'attendre. Il nous faut donc adopter des solutions de compromis. Au chapitre de la décongélation, les compromis sont acceptables en autant que la méthode utilisée est garante d'une décongélation uniforme. En d'autres termes, certaines parties de la viande ne doivent pas commencer à cuire alors que d'autres ne sont pas encore décongelées. Cela implique que la viande ne perde que la plus petite quantité possible de jus pendant le processus de décongélation. En outre, on doit éviter que la viande entre en contact avec le jus qu'elle laisse écouler : du fait que les liquides attirent les micro-ondes, les parties de viande qui y baigneraient commenceraient à cuire.

Décongélation selon la coupe et le poids

Coupe	Temps de décongélation à 50 %	Temps de décongélation à 25 %
Côte de boeuf, croupe, noix de ronde, pointe de surlonge	12 à 14 min/kg (5-1/2 à 6-1/2 min/lb)	18 à 27 min/kg (9 à 13 min/lb)
Filets, rôtis de palette, gros biftecks	7-1/2 à 9-1/2 min/kg (3-1/2 à 4-1/2 min/lb)	15 à 20 min/kg (7 à 9 min/lb)
Petits biftecks	6-1/2 à 9 min/kg (3 à 4 min/lb)	13 à 18 min/kg (6 à 8 min/lb)
Cubes de boeuf 2,5 cm (1 po)	7 à 12 min/kg (3 à 5-1/2 min/lb)	12 à 22 min/kg (5 à 10 min/lb)
Boeuf haché	7-1/2 à 10 min/kg (3 à 5 min/lb)	12 à 15 min/kg (5 à 7-1/2 min/lb)

* Ne pas oublier de diviser le temps de décongélation indiqué en deux ou trois périodes d'exposition aux micro-ondes, entrecoupées de périodes de repos d'une durée équivalente à un quart du temps total de décongélation.

Pour arriver à ces résultats, trois types de mesure peuvent être prises:
1. Mettre la viande sur une assiette (ou une soucoupe) placée à l'envers dans un plat de cuisson. De la sorte, la viande n'entre pas en contact avec le jus qui s'accumule dans le plat.
2. Après un premier cycle de décongélation, toucher la viande et recouvrir les parties chaudes de papier aluminium (les parties les moins charnues, les extrémités et les parties osseuses).
3. Diviser le temps total d'exposition aux micro-ondes en plusieurs courtes périodes entrecoupées d'un temps de repos d'une durée équivalente à un quart du temps total de décongélation.

La décongélation du boeuf haché

La décongélation du boeuf haché au four micro-ondes ne recèle aucun grand secret. On peut en fait distinguer trois méthodes selon la forme sous laquelle la viande a été préalablement congelée. La congélation dans un plat en anneau est la plus propice à une décongélation uniforme. En effet, puisque la quantité d'énergie micro-ondes est moins grande dans le centre du four, et par conséquent dans le centre du plat, la configuration en anneau du boeuf haché élimine la présence de viande au centre.

En paquet

Placer le paquet de viande congelée, sous emballage, dans le four. Faire décongeler jusqu'à ce qu'il soit possible de dégager la viande de son contenant.

Mettre la viande dans un plat micro-ondes et programmer le four pour une deuxième période de décongélation.

À la fin de la deuxième période de décongélation, gratter la viande décongelée et la mettre à part.

Mettre le reste de la viande dans un plat et l'émietter. Placer au four pour la troisième et dernière période d'exposition aux micro-ondes.

S'il reste plus de 500 g de viande, interrompre la décongélation pour enlever les parties décongelées.

À la fin, laisser reposer pendant cinq à dix minutes, jusqu'à ce que la viande devienne molle mais encore quelque peu glacée.

En anneau

Le plat en anneau convient parfaitement à la congélation et à la décongélation-cuisson du boeuf haché. Du fait que le plat n'accepte pas de viande en son centre, la décongélation peut s'effectuer de manière plus uniforme. En effet, l'énergie des micro-ondes se concentre surtout vers la périphérie du plat.

Si vous vous apprêtez à faire une sauce à la viande et que votre boeuf haché a été congelé dans un plat allant au four micro-ondes, vous pouvez combiner les processus de décongélation et de pré-cuisson. Cela vous permet de sauver un temps précieux tout en vous évitant d'avoir à manipuler la viande.

En croquettes

Pour décongeler des croquettes de boeuf haché, disposez-les dans une clayette de décongélation deux par deux ou quatre par quatre.

À la mi-temps de la décongélation, retournez-les et remettez-les au four.

Décongélation de viandes de forme irrégulière

Pour assurer une décongélation uniforme, protégez les extrémités et les parties les moins charnues en les recouvrant de papier aluminium, prenant soin de mettre la surface brillante contre la viande.

Ustensiles pour la décongélation

Il existe plusieurs types d'ustensiles pour décongeler les viandes. Il est généralement recommandé de placer les morceaux de viande dans une clayette de décongélation (plaque à bacon), dans laquelle les jus qui s'écoulent de la viande ne sont plus en contact avec elle. Si vous ne disposez pas d'un tel plat, vous pouvez placer la viande sur une soucoupe renversée, le tout reposant dans un plat plus grand pour recueillir les jus que laisse écouler la viande pendant sa décongélation.

Il est important de diviser le temps de décongélation au four en deux ou trois périodes égales. Cela permet non seulement de vérifier le progrès de la décongélation, mais aussi d'assurer une distribution uniforme de l'effet des micro-ondes. Il en va de même de la période de repos recommandée à la fin de chaque période de décongélation.

La période de décongélation terminée, laissez reposer environ cinq minutes.

Disposition des cubes et boulettes

Que ce soit pour la décongélation ou la cuisson, disposez les plus gros morceaux vers l'extérieur du plat. Si les cubes ou les boulettes sont d'égale grosseur, disposez-les en cercle vers l'extérieur du plat.

La décongélation des biftecks et morceaux plats

Les mêmes principes que pour les rôtis s'appliquent à ces coupes. Il s'agit toujours en effet d'assurer une décongélation uniforme.

Dans un premier temps, placez le morceau de viande au four dans son emballage. Faites décongeler jusqu'à ce que la viande puisse être dégagée de son contenant. Retirez le morceau du four et enlevez l'emballage. Recouvrez de papier aluminium toute partie décongelée et remettez au four, en prenant soin de retourner la viande, pour la seconde période de décongélation. Cette période écoulée, laissez reposer environ 5 minutes. Le morceau est complètement décongelé si vous pouvez le transpercer avec une fourchette.

TRUCS

Décongélation et cuisson réunies

Pour combiner les cycles de décongélation et de cuisson, congelez la viande dans un plat allant au four micro-ondes. Lorsque vous êtes prêt à préparer votre recette, plutôt que de régler le four à 50 % ou à 30 % pour la décongélation, réglez-le à 70 % pour environ 4 à 5 minutes pour chaque portion de 500 g. Brisez la viande en morceaux et remuez ceux qui sont plus cuits vers le centre du plat pour assurer une action uniforme des micro-ondes.

Remettez le tout au four à 70 % pour une autre période de 4 à 5 minutes. La cuisson de la viande débutera. Retirez-la du four lorsqu'elle commence à brunir et laissez-la reposer deux minutes.

Pour les **petits biftecks**, enlevez d'abord autant d'emballage que possible. Si les morceaux de viande ont été congelés empilés, séparez-les les uns des autres en insérant la lame du couteau entre chacun. Disposez la viande sur une clayette de décongélation ou sur une assiette renversée.

Dès que possible, enlevez le reste de l'emballage et retournez les biftecks. Remettez la viande au four pour la seconde et dernière période d'exposition aux micro-ondes. Laissez reposer cinq minutes.

Temps de cuisson

Lorsque la plupart d'entre nous sommes confrontés à un four micro-ondes pour la première fois, la question qui se pose spontanément est relative à la durée de cuisson. L'on a tellement vanté la rapidité des micro-ondes que l'on a l'impression que trois secondes de cuisson en trop feront carboniser le beau rôti que toute la famille attend avec impatience autour de la table.

Et pourtant, il n'y a aucune raison que la cuisson au four micro-ondes soit source de telles angoisses. Bien au contraire. Tout comme dans une cuisinière conventionnelle, les temps de cuisson sont liés à la coupe de viande, à son poids et, de toute évidence, à l'intensité à laquelle la cuisson se fait. On doit également tenir compte de la température initiale de la viande au moment où elle est placée au four de même que de sa teneur en humidité et en gras. Une viande grasse a tendance en effet à cuire plus vite du fait que les matières grasses attirent vers elles l'énergie des micro-ondes.

Bien que les durées de cuisson sont données pour chacune des recettes, le tableau de la page 23 pourra vous servir de guide pour l'adaptation de vos recettes de boeuf prévues pour un four conventionnel.

Vérification du degré de cuisson

Que votre pièce de boeuf soit cuite au four micro-ondes ou au four conventionnel, la vérification de son degré de cuisson se fait de la même manière.

Vous pouvez vous baser soit sur la température interne de la viande, soit sur la tendreté de la pièce, surtout s'il s'agit d'une coupe à braiser. Pour juger du degré de cuisson d'une telle pièce, utilisez une fourchette. Si elle est cuite à point, la viande se défait facilement sous l'action de la fourchette. Si elle n'est pas tendre, prolongez la cuisson.

Pour connaître la température interne d'un rôti, vous pouvez aussi utiliser une fourchette. Vous n'avez qu'à l'insérer jusqu'au centre de la pièce, la retirer et la toucher avec les doigts. Si le sang coule et que la fourchette est tiède, le rôti est saignant. Si très peu de sang s'écoule, le rôti est cuit à point (médium).

Pour une mesure plus précise, il est recommandé d'utiliser soit une sonde thermométrique, soit un thermomètre à viande. Certains fours micro-ondes permettent de programmer la cuisson en fonction de la température interne de la viande. Au moment de mettre le rôti au four, on insère la sonde jusqu'au centre de la pièce et on règle la température interne à atteindre correspondant au degré de cuisson désiré. Lorsque la sonde indique

Temps de cuisson du boeuf au four micro-ondes

Coupe	Intensité	Durée de cuisson
RÔTI DE BOEUF Côte, côte désossée, pointe de surlonge		
Bleu	70 %	10 à 12 min/kg (5 min/lb)
Saignant	70 %	13 à 14 min/kg (6 min/lb)
À point	70 %	15 à 17 min/kg (7 min/lb)
Bien cuit	70 %	18 à 19 min/kg (8 min/lb)
Boeuf à braiser Palette, croupe (retourner la viande après 1 h de cuisson)	25 %	50 à 60 min/kg (22 à 27 min/lb)

BLEU ▽

SAIGNANT ▽

À POINT △

BIEN CUIT △

que la viande a atteint cette température, le four cesse automatiquement de fonctionner.
L'on peut aussi utiliser un thermomètre à viande. Ne jamais mettre un thermomètre à viande

métallique dans un four micro-ondes. Cela pourrait provoquer un arc électrique (étincelle) et endommager le four.

Vérifiez que le thermomètre à viande est conçu pour aller au four micro-ondes avant de l'utiliser de la sorte. (Il en existe plusieurs modèles dans le commerce.) Si votre thermomètre ne peut être utilisé au four micro-ondes, insérez-le dans la pièce de viande après la durée minimale de cuisson indiquée pour le degré de cuisson désiré. Si la lecture du thermomètre confirme que la température interne recherchée est atteinte, laissez reposer le rôti environ dix minutes avant de servir. Si la cuisson n'est pas terminée, prolongez-la quelques minutes encore.

Avant de servir, laissez reposer la viande environ dix minutes. Cela permet l'uniformisation de la température interne et

achève la cuisson. En règle générale, la température s'élève d'environ 10 degrés F avant le moment du service. La viande est alors plus juteuse et savoureuse.

Référez-vous au tableau suivant pour la correspondance entre degré de cuisson et température interne.

Degré de cuisson du boeuf en fonction de la température interne

	Au sortir du four	Après repos
Bleu:	40°C (100°F)	45°C (110°F)
Saignant:	45°C (110°F)	50°C (120°F)
Mi-saignant:	50°C (120°F)	55°C (130°F)
À point-bien cuit:	55°C (130°F)	60°C (140°F)
Bien cuit:	60°C (140°F)	65°C (150°F)

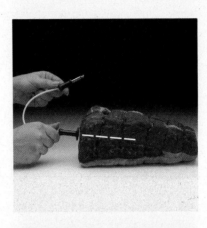

Pour laisser reposer une viande au sortir du four, couvrir le plat (ou s'il s'agit d'un rôti, le recouvrir directement) d'une feuille de papier aluminium, la partie brillante contre la viande. Cela prévient la déperdition de chaleur, laquelle se propage uniformément dans la viande.

La sonde thermométrique s'avère un outil culinaire très précieux pour la cuisson des rôtis et autres morceaux de boeuf. Pour obtenir une lecture précise, prendre soin d'insérer l'extrémité de la sonde dans le centre du morceau. Si la pointe se trouve à proximité d'un os ou éloignée du centre, la lecture sera faussée et les résultats laisseront à désirer.

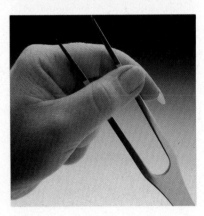

À défaut d'une sonde ou d'un thermomètre à viande, il est possible d'utiliser une méthode empirique pour vérifier la cuisson. Enfoncer une fourchette à découper dans le centre du rôti et l'y laisser quelques secondes. Dégager la fourchette et la toucher avec les doigts. Si elle est très chaude, la viande est bien cuite, si elle est tiède, le rôti est saignant.

Tableau de cuisson du boeuf

Conseils pratiques :
1. Toujours utiliser un récipient conçu pour la cuisson au four micro-ondes.
2. Après la cuisson, laisser reposer les rôtis pendant environ 10 minutes avant de les découper.

Pour vérifier la cuisson des coupes moins tendres, piquer la viande avec une fourchette. La viande est bien cuite si elle se défait en filaments sous l'action de la fourchette.

Les coupes moins tendres fondront littéralement dans la bouche si elles ont longuement macéré dans une marinade savamment assaisonnée. Les marinades détendent les fibres des viandes et laissent pénétrer la saveur des différents aromates.

Aliment	Récipient	Couvercle	Intensité de cuisson ou température interne	
Boeuf haché	cocotte	non	100 %	1 kg : 8 à 13 min (1 lb : 4 à 6 min) (1-1/2 lb : 7 à 9 min)
Boeuf en morceaux (pour plats mijotés ou soupes)	cocotte	oui	50 %	1 kg : 45 min (1 lb : 20 min)
Boulettes	assiette circulaire ou plat rectangulaire	avec du papier ciré	100 %	1 kg : 18 à 28 min (1 lb : 9 à 12 min) (1-1/2 lb : 10 à 13 min)
Pain de viande	assiette circulaire ou plat rectangulaire creux	avec pellicule de plastique	100 % 70 % ou 75°C (170°F) de température interne	Pain rond : 15 à 20 min Pain allongé : 17 à 19 min
Rôtis braisés	plat rectangulaire ou cocotte	avec couvercle ou pellicule de plastique	50 %	43 à 55 min/kg (18 à 23 min/lb)
Boeuf mijoté (coupes de tendreté moyenne)	cocotte	avec couvercle ou pellicule de plastique	50 %	1 kg : 45 min (1 lb : 20 min)
Rôtis de coupe tendre	plat rectangulaire avec grille	non	70 % bleu : 12 min/kg (5 min/lb) saignant : 14 min/kg (6 min/lb) à point : 17 min/kg (7 min/lb) bien cuit : 19 min/kg (8 min/lb) ou en utilisant la sonde thermique : bleu : 40°C (100°F) saignant : 45°C (110°F) à point : 50°C (120°F) bien cuit : 60°C (140°F)	

25

Les ustensiles de cuisson

Conseils pratiques :
1. Préchauffer le plat à rôtir selon les directives du manufacturier.
2. Ne pas saler la viande avant que la cuisson ne soit terminée.

Les ustensiles et plats pour micro-ondes
Si vous venez de vous procurer un four micro-ondes, ne vous précipitez pas au magasin pour vous procurer une batterie complète de plats et d'ustensiles. Vos armoires de cuisine sont probablement pleines de plats convenant parfaitement à la cuisson aux micro-ondes.

Tous les matériaux qui se laissent traverser par les micro-ondes peuvent être utilisés : le verre, le papier, la faïence, la porcelaine (sans garniture métallique) le verre céramique, les paniers de paille ou d'osier. Comme vous pouvez le constater, la liste est longue.

Plats à brunir
Les plats à brunir s'utilisent pour saisir les biftecks, hambourgeois, rôtis, en somme, toute viande dont on veut dorer les surfaces. L'enduit spécial, généralement de la ferrite, appliqué au fond de ces plats absorbe les micro-ondes et devient ainsi très chaud, ce qui permet de faire rissoler la viande.

IMPORTANT : Ne jamais utiliser de récipient ou de plat métallique dans un four micro-ondes. Cela pourrait provoquer des étincelles et endommager le four, voire même présenter un risque d'incendie.

Forme des récipients
Compte-tenu du fait que seuls les récipients faits de matériaux qui se laissent traverser par les micro-ondes peuvent être utilisés dans un four micro-ondes, la forme du récipient que vous choisissez influe directement sur la qualité de la cuisson.

En couronne :
Les micro-ondes pénètrent la nourriture de tous les côtés. Aucun aliment ne se trouve au centre, où la cuisson est plus lente.

Rond :
Les micro-ondes pénètrent la nourriture de tous les côtés uniformément, mais comme le centre est moins exposé, il cuit plus lentement.

Carré :
Dans les coins, qui sont doublement exposés aux micro-ondes, les aliments risquent de trop cuire.

Rectangulaire :
Dans les coins, qui sont doublement exposés aux micro-ondes, les aliments risquent de trop cuire. Les aliments placés au centre cuisent plus lentement.

Le choix d'un récipient adéquat est donc un élément très important. Notez que les formes de récipients qui favorisent une exposition égale des aliments aux micro-ondes sont les meilleures. Même si les récipients circulaires apparaissent plus efficaces, des récipients de formes différentes peuvent bien sûr être utilisés. Il sera alors nécessaire de remuer les aliments plus fréquemment en cours de cuisson, de les retourner, de les recouvrir ou de réduire l'intensité de la cuisson.

Guide des ustensiles de cuisson —

	À utiliser
Feuille d'aluminium	protection
Lèchefrite	non
Plat à brunir	oui
Sac de papier brun	non
Vaisselle allant au four conventionnel et au four micro-ondes	oui
Assiette de carton ou de polyester	oui
Verre ou tasse de verre et de céramique résistant à la chaleur ne résistant pas à la chaleur	oui non
Récipient métallique	non
Grille à rissoler	oui
Attaches métalliques	non
Sac à cuisson	oui
Essuie-tout et serviette de papier	oui*
Vaisselle de plastique allant au four micro-ondes	oui
Feuille en plastique	oui
Thermomètre conçu pour four micro-ondes conçu pour four conventionnel	oui non
Papier ciré	oui

* À cause du risque d'incendie à l'intérieur du four, ne jamais utiliser de papier contenant de fibres synthétiques, comme le nylon.

La cuisson des légumes
Cuits au four à micro-ondes, les légumes conservent toute leur saveur et leur croquant.

Voici quelques conseils qui peuvent être utiles à leur cuisson :
— pour une cuisson uniforme, choisir des légumes de taille et de forme semblables;
— augmenter la durée de la cuisson en fonction de la quantité de légumes cuits simultanément;
— placer les parties moins denses des légumes vers le centre du four, là où la cuisson est la moins intense;
— pendant la cuisson, couvrir le plat et utiliser un minimum d'eau;
— laisser reposer les légumes après cuisson, afin que leur texture ne soit pas altérée;
— saler les légumes après la cuisson.
— Pour cuire des légumes surgelés à même leur emballage, percer le sac et le déposer sur une feuille d'essuie-tout dans le four. Éviter de faire cuire plus de 225 g (8 oz) de légumes à la fois de cette façon, car leur cuisson ne sera pas uniforme;

Aromates, épices et condiments pour le boeuf

La cuisine est le premier et, selon plus d'un, le seul Art du bon goût. Par une heureuse combinaison des essences, des saveurs et des odeurs, le chef cuisinier réussit à concocter des plats auxquels personne ne peut résister. Or, les épices et aromates participent à cette chimie magique qui réussit à transformer la denrée la moins appétissante en un véritable délice. Mais, même si nous avons appris à en apprécier l'effet, les épices sont souvent méconnues. Nous tenterons ici de leur donner la place qui leur revient de plein droit.

En pratique, on appelle aromate toute substance utilisée lors d'une préparation culinaire pour en relever la saveur, l'aromatiser, l'adoucir, l'aciduler, la saler ou encore la graisser. Lorsque l'on ajoute ces mêmes substances à la table, elles prennent le nom de condiments. Fait intéressant, à l'exception du sel, toutes les substances employées à titre d'aromates ou de condiments sont d'origine végétale.

On distingue les aromates par leur saveur dominante.
Aromates doux : laurier, genièvre, romarin, cerfeuil, fenouil, estragon, basilic, sauge, persil, anis, sariette, menthe, thym, marjolaine.
Aromates âcres : cumin, coriandre, safran, poivre, cannelle, clou de girofle, muscade.

Quant à la classification des condiments, elle est plus complexe.
Condiments acides : vinaigre, verjus, jus de citron, etc.
Condiments âcres : ail, échalote, ciboule, civette, oignon, moutarde, raifort.
Condiments âcres et aromatiques : zeste de citron ou d'orange, cacao, café, poivre, paprika, piment, gingembre.

Condiments gras : huiles, beurre, graisse.
Condiments composés : sauces anglaises préparées (Worcestershire, par exemple), ketchups, curry, moutardes composées, sauce soya, etc.

Il est à souligner que les condiments excitent l'appétit et facilitent la digestion; par contre, l'abus de certains condiments âcres, salés ou acides peut être nuisible et provoquer des malaises d'estomac.

Épices convenant au boeuf et à ses sauces

Épice	Viande	Sauce
Aneth	Toutes les coupes	
Feuilles de laurier	Fricassée Boeuf braisé	Toutes les marinades
Fines herbes	Foie rôti Boeuf braisé Ragoût Pain de viande Bifteck haché	
Gingembre	Morceau à braiser Bifteck	Marinades
Marjolaine	Boeuf braisé	
Muscade	Pain de viande	
Origan	Pain de viande	Spaghetti
Paprika	Boeuf haché	Barbecue
Poudre de cari	Toutes les coupes	Marinades
Romarin	Toutes les coupes	Barbecue
Sauge	Fricassée	
Sel assaisonné	Bifteck Rôtis	Barbecue Sauces pour rôtis
Thym	Pain de viande Foie	Espagnole

Rosbif de surlonge roulé

Complexité	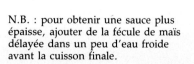
Temps de préparation	rosbif : 10 min sauce : 15 min
Coût par portion	$ $
Nombre de portions	6 à 8
Valeur nutritive	6 portions : 356 calories 39,7 g de protéines 8,4 mg de fer	8 portions : 267 calories 29,8 g de protéines 6,3 mg de fer
Temps de cuisson	de 12 à 19 min/kg (5 à 8 min/lb)
Temps de repos	10 min
Intensité	70 %, 100 %
Inscrivez ici votre temps de cuisson	

Ingrédients
1 rosbif de surlonge
1 oignon tranché
50 ml (1/4 de tasse) de
moutarde sèche
poivre
50 ml (1/4 de tasse)
de beurre

Sauce à l'ail :
2 gousses d'ail pilées
thé

Préparation
— Poivrer le rosbif.
— Fondre le beurre à 100 %
  30 secondes.
— Mélanger la moutarde au
  beurre fondu;
  badigeonner tout le
  rosbif.
— Fixer l'oignon au rosbif.
— Cuire à 70 %, au goût :

bleu :
  12 min/kg (5 min/lb)
saignant :
  14 min/kg (6 min/lb)
à point :
  17 min/kg (7 min/lb)
bien cuit :
  19 min/kg (8 min/lb)
ou encore en utilisant
une sonde thermique :
bleu : 40°C (100°F)
saignant : 45°C (110°F)
mi-saignant :
  50°C (120°F)
à point-bien cuit :
  55°C (130°F)
bien cuit : 60°C (140°F)
en le retournant d'un
demi-tour à la mi-
cuisson.
— Déglacer, assaisonner et
  préparer une sauce à
  l'ail en ajoutant deux

gousses d'ail pilées au
jus de cuisson.
— Ajouter 125 ml
  (1/2 tasse) de thé fort par
  personne à servir.
— Chauffer en grattant le
  fond du récipient à
  chaque minute.

N.B. : pour obtenir une sauce plus
épaisse, ajouter de la fécule de maïs
délayée dans un peu d'eau froide
avant la cuisson finale.

Mélanger la moutarde au beurre préalablement fondu au four micro-ondes pour obtenir une préparation uniforme.

Avant la cuisson, enduire également le rosbif de la sauce obtenue à l'aide d'un pinceau à badigeonner.

Quand la cuisson est terminée, recouvrir le rosbif de papier aluminium et le laisser reposer 10 minutes avant de servir.

Rosbif de côtes croisées

Complexité	 🍴
Temps de préparation	10 min
Coût par portion	$
Nombre de portions	4
Valeur nutritive	381 calories 49 g de protéines 7,3 mg de fer
Équivalences	5 oz de viande 1 portion de gras
Temps de cuisson	14 à 22 min/kg (6 à 9 min/lb)
Temps de repos	10 min
Intensité	70 %
Inscrivez ici votre temps de cuisson	

Ingrédients
1 rosbif de 7,5 cm (3 po) de
hauteur, à large surface
45 ml (3 c. à soupe) de
beurre
45 ml (3 c. à soupe)
de moutarde
15 ml (1 c. à soupe)
de sauce soya
1 pincée de basilic

Préparation
— Mélanger le beurre, la
moutarde, la sauce soya
et le basilic.
— Badigeonner les deux
côtés du rosbif.
— Cuire sur une clayette, à
70 %, au goût :
bleu :
   14 min/kg (6 min/lb)
saignant :
   17 min/kg (7 min/lb)

à point :
   19 min/kg (8 min/lb)
bien cuit :
   22 min/kg (9 min/lb)
ou encore en utilisant
une sonde thermique :
bleu : 40°C (100°F)
saignant : 45°C (110°F)
à point : 50°C (120°F)
bien cuit : 55°C (130°F)
en le retournant à la mi-
cuisson.
— Laisser reposer
10 minutes et servir.

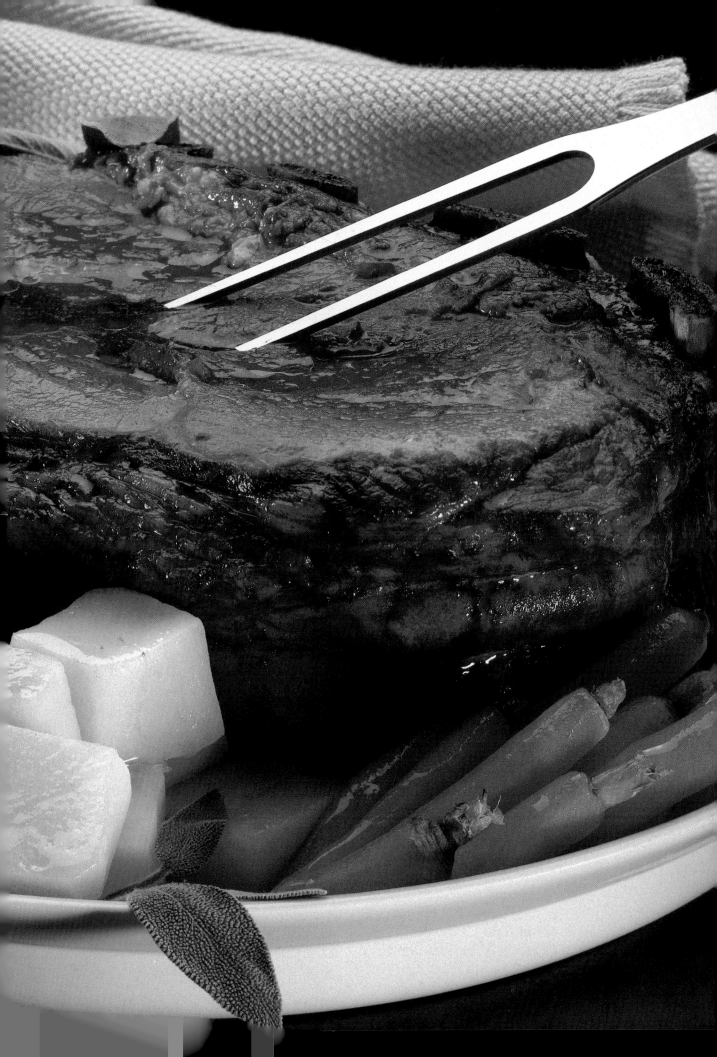

Sauce bordelaise
Délicieuse avec les brochettes

Complexité	🍴
Temps de préparation	5 min
Coût par portion	$
Nombre de portions	4
Valeur nutritive	78,5 calories
Équivalences	1/2 portion de gras 2 portions de légumes
Temps de cuisson	5 min
Temps de repos	aucun
Intensité	100 %
Inscrivez ici votre temps de cuisson	

Ingrédients
5 ml (1 c. à thé) de beurre
2 échalotes
1 gousse d'ail
125 ml (1/2 tasse) de
vin rouge
15 ml (1 c. à soupe)
de persil
250 ml (1 tasse) de bouillon
chaud
15 ml (1 c. à soupe)
de sauce soya
15 ml (1 c. à soupe) de pâte
de tomates
45 ml (3 c. à soupe)
de fécule de maïs
60 ml (4 c. à soupe)
d'eau froide
1 pincée de thym
1 pincée d'estragon
sel et poivre

Préparation
— Mélanger l'échalote, l'ail
  et le beurre; cuire à
  100 % 2 minutes.
— Délayer la fécule de maïs
  dans l'eau froide.
— Ajouter tous les autres
  ingrédients et cuire à
  100 % 2 minutes.
— Remuer et poursuivre la
  cuisson à 100 %
  2 minutes.
— Remuer à nouveau et
  poursuivre la cuisson
  jusqu'à ce que la sauce
  devienne onctueuse.

Sauce béarnaise

Excellente pour accompagner les biftecks, les légumes verts, les oeufs pochés ou le poisson.

Complexité	🍴
Temps de préparation	15 min
Coût par portion	$
Nombre de portions	4
Valeur nutritive	260 calories
Équivalences	4 portions de gras 1 oz de viande
Temps de cuisson	2 min
Temps de repos	aucun
Intensité	100 %,
Inscrivez ici votre temps de cuisson	

Le **déglaçage** a pour but de récupérer les sucs qui se sont échappés de la viande pendant la cuisson.

Pour déglacer, verser un liquide (de l'eau, du vinaigre ou un bon vin sec, par exemple) au fond du plat ayant servi à la cuisson de la viande, puis assaisonner.

Ingrédients

4 jaunes d'oeufs
10 ml (2 c. à thé) de vinaigre blanc
5 ml (1 c. à thé) d'estragon
5 ml (1 c. à thé) de flocons d'oignons séchés
2 ml (1/2 c. à thé) de cerfeuil
poivre blanc
125 ml (1/2 tasse) de beurre
5 ml (1 c. à thé) de persil frais

Préparation

— Mettre les jaunes d'oeufs, le vinaigre, les oignons et les épices dans un mélangeur.
— Faire fondre le beurre à 100 % de 1 à 2 minutes, ou jusqu'à ce qu'il bouillonne.
— Actionner le mélangeur à haute vitesse et ajouter graduellement le beurre par l'ouverture du couvercle; mélanger jusqu'à ce que la sauce devienne onctueuse.
— Ajouter le persil et servir chaude.

Gratter à l'aide d'une cuiller de bois pour détacher les éléments solides et bien mélanger. Faire chauffer et verser sur la viande cuite avant de servir.

Côtes de boeuf à la sauce barbecue

Complexité	🍴
Temps de préparation	20 min*
Coût par portion	💲
Nombre de portions	3
Valeur nutritive	408 calories 33 g de protéines 4,6 mg de fer
Équivalences	4 oz de viande 2 portions de légumes 1 portion de gras
Temps de cuisson	65 min
Temps de repos	aucun
Intensité	100 %, 50 %
Inscrivez ici votre temps de cuisson	✏️🍎

* La viande doit macérer pendant au moins 24 heures.

Ingrédients
900 g (2 lb) de côtes
de boeuf
125 ml (1/2 tasse) de
ketchup ou de sauce chili
250 ml (1 tasse) d'eau
15 ml (1 c. à soupe)
de sucre
15 ml (1 c. à soupe)
de moutarde préparée
5 ml (1 c. à thé) de sel
20 grains de poivre
1 pincée de sarriette
4 gousses d'ail coupées
en deux
2 oignons tranchés minces
45 ml (3 c. à soupe)
de sauce soya

Préparation
— Mélanger tous les
  ingrédients et y déposer
  les côtes de boeuf.
— Laisser macérer
  24 heures au
  réfrigérateur, en remuant
  2 ou 3 fois.
— Retirer les côtes et faire
  bouillir la marinade à
  100 % 5 minutes.
— Remettre les côtes et
  cuire à 50 % 30 minutes.
— Remuer les côtes et
  poursuivre la cuisson à
  50 % 30 minutes, ou
  jusqu'à ce que la viande
  devienne tendre.

Rassembler tous les ingrédients nécessaires à la marinade et les mélanger. La marinade contribuera à attendrir et à parfumer agréablement la viande.

Déposer les côtes de boeuf dans la marinade et les y laisser pendant 24 heures, en remuant 2 ou 3 fois.

Lorsque la macération est terminée, retirer les côtes de boeuf avant de faire bouillir la marinade.

TRUCS

Ne jamais préchauffer le plat à rôtir plus longtemps que ne le précise la recette, au risque d'endommager la paroi intérieure du four.

Rosbif de palette

Complexité	🍴
Temps de préparation	10 min
Coût par portion	$
Nombre de portions	6
Valeur nutritive	310 calories 40,8 g de protéines 7,2 mg de fer
Équivalences	4 oz de viande 2 portions de légumes 1 portion de gras
Temps de cuisson	1 h 40 min
Temps de repos	10 min
Intensité	100 %, 50 %
Inscrivez ici votre temps de cuisson	

Ingrédients

1,1 kg (2-1/2 lb) de rosbif de palette
500 g (1 lb) de haricots verts entiers
sel et poivre
15 ml (1 c. à soupe) d'huile
1 boîte de 284 ml (10 oz) de consommé de boeuf
750 ml (3 tasses) d'eau chaude
60 ml (4 c. à soupe) d'oignon déshydraté
30 ml (2 c. à soupe) de fécule de maïs

Préparation

— Préchauffer un plat à rôtir à 100 % 7 minutes.
— Ajouter l'huile et chauffer 30 secondes.
— Saisir le rosbif et le placer dans une marmite.
— Assaisonner; ajouter les haricots verts, les ingrédients liquides et l'oignon déshydraté.
— Cuire à 100 % 10 minutes; diminuer l'intensité à 50 % et poursuivre la cuisson pendant 90 minutes, ou jusqu'à ce que la viande devienne tendre. Retourner à la mi-cuisson.
— Délayer la fécule de maïs dans 15 ml (3 c. à thé) d'eau froide; mélanger avec la sauce et cuire à 100 % jusqu'à consistance épaisse, en brassant toutes les 2 minutes.
— Saler, poivrer et servir.

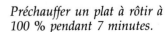

Préchauffer un plat à rôtir à 100 % pendant 7 minutes.

Verser l'huile dans le plat préchauffé et remettre au four pendant 30 secondes.

Mettre le rosbif dans le plat et le faire saisir dans l'huile chaude tout en le retournant.

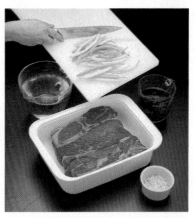

Après avoir fait saisir le rosbif, le déposer dans une marmite. Ajouter les aromates, les haricots verts et les autres ingrédients, sauf la fécule de maïs.

39

Boeuf Strogonoff

Complexité	
Temps de préparation	20 min
Coût par portion	$
Nombre de portions	6
Valeur nutritive	334 calories 38,5 g de protéines 6,4 mg de fer
Équivalences	5 oz de viande 2 portions de légumes 1 portion de gras
Temps de cuisson	1 h
Temps de repos	aucun
Intensité	100 %, 50 %
Inscrivez ici votre temps de cuisson	

Ingrédients
900 g (2 lb) de boeuf coupé en lamelles
450 g (1 lb) de champignons tranchés
1 oignon émincé
30 ml (2 c. à soupe) de beurre
30 ml (2 c. à soupe) de farine tout usage
550 ml (2-1/4 tasses) de bouillon de boeuf chaud
sel
90 ml (6 c. à soupe) de pâte de tomates
10 ml (2 c. à thé) de sauce Worcestershire
125 ml (1/2 tasse) de crème sure, persil haché

Préparation
— Mélanger les champignons, l'oignon et le beurre dans un bol; couvrir et cuire à 100 % de 5-1/2 à 6 minutes.
— Enfariner le boeuf et le saisir dans un plat à rôtir; ajouter le boeuf doré aux légumes.
— Incorporer le bouillon, le sel, la pâte de tomates et la sauce Worcestershire. Couvrir et cuire à 100 % 5 minutes; remuer.
— Diminuer l'intensité à 50 % et poursuivre la cuisson pendant 45 minutes, ou jusqu'à ce que la viande devienne tendre. Remuer à la mi-cuisson.
— Ajouter la crème sure et mélanger; garnir le dessus du plat avec le persil.

Rassembler tous les ingrédients nécessaires à la préparation, puis mélanger les champignons, l'oignon et le beurre dans un bol.

Après avoir enfariné et fait saisir les lamelles de boeuf, les incorporer aux légumes.

Ajouter le bouillon de boeuf, le sel, la pâte de tomates et la sauce Worcestershire, et mélanger le tout avant d'entamer la cuisson.

Lorsque la cuisson est terminée, ajouter la crème sure et bien mélanger, avant de saupoudrer de persil et de servir.

Bifteck Sukiyaki

	Recette simple	Recette double
Complexité	🍴	🍴
Temps de préparation	20 min	25 min
Coût par portion	$ $ $	$ $ $
Nombre de portions	3 à 4	6
Valeur nutritive	322 calories 30,2 g de protéines 5 mg de fer	
Équivalences	3 oz de viande 2 portions de légumes 1 portion de gras	
Temps de cuisson	20 min	22 min
Temps de repos	10 min	10 min
Intensité	100 %, 50 %	100 %, 50 %
Inscrivez ici votre temps de cuisson		

Ingrédients

Recette simple		Recette double
450 g (1 lb)	de haut de ronde	900 g (2 lb)
225 ml (8 oz)	de pousses de bambou	450 ml (16 oz)
50 ml (1/4 de tasse)	de châtaignes d'eau	125 ml (1/2 tasse)
225 g (8 oz)	de fèves germées	455 g (16 oz)
5	échalotes	8
225 g (8 oz)	de champignons	455 g (16 oz)
3	branches de céleri	6
30 ml (2 c. à soupe)	d'huile	45 ml (3 c. à soupe)
75 ml (1/3 de tasse)	de sauce soya	125 ml (1/2 tasse)
30 ml (2 c. à soupe)	de cassonade	45 ml (3 c. à soupe)
5 ml (1 c. à thé)	de gingembre moulu	15 ml (1 c. à soupe)
125 ml (1/2 tasse)	de consommé de boeuf	250 ml (1 tasse)

Préparation
— Égoutter les pousses de bambou et les châtaignes d'eau; les émincer.
— Couper les échalotes et le céleri en biseau; trancher finement les champignons et la viande.
— Préchauffer un plat à brunir à 100 % 7 minutes.
— Ajouter 15 ml (1 c. à soupe) d'huile et poursuivre le préchauffage 30 secondes à 100 %.
— Saisir la viande et ajouter les légumes.
— Chauffer le consommé

de boeuf, la sauce soya, la cassonade et le gingembre moulu à 100 % 2 minutes (4 minutes pour la recette double).

— Ajouter la sauce à la préparation.
— Couvrir. Cuire à 50 % de 10 à 12 minutes. Remuer à la mi-cuisson.
— Laisser reposer, couvert, 10 minutes. Servir.

Le Bifteck Sukiyaki étant un plat inspiré de la cuisine orientale, il est recommandé de couper les légumes et la viande très finement.

TRUCS

Les champignons

Conserver les champignons au réfrigérateur pour qu'ils gardent leur fraîcheur le plus longtemps possible. Ne jamais tremper les champignons dans l'eau. Pour les nettoyer, il suffit de les brosser.

Bifteck Sukiyaki

Placer la viande au centre du plat à brunir et disposer les légumes autour d'elle.

Mélanger le consommé de boeuf, la sauce soya, la cassonade et le gingembre moulu, et faire chauffer.

Ajouter la sauce chaude ainsi obtenue à la viande et aux légumes. Couvrir et cuire selon la recette.

TRUCS

Comment cuisiner avec la sonde thermique

La sonde assure la cuisson exacte d'à peu près tous les aliments. Son principe d'utilisation est très simple: il s'agit de l'insérer dans l'aliment à cuire et de choisir la température de cuisson qui convienne. Quand la température désirée est atteinte, le four s'arrête automa-tiquement. Au lieu de régler le four pour un certain nombre de minutes, vous réglez la sonde à la température exacte qu'elle doit atteindre pour obtenir le point de cuisson voulu; il reste toutefois à régler l'intensité de la cuisson. Pour obtenir de bons résultats, la sonde doit être insérée minutieusement. Dans les viandes, on doit l'insérer de façon que son extrémité soit au centre du plus gros morceau, en s'assurant qu'elle ne touche ni aux os, ni au gras, car ceux-ci cuisent plus rapidement que la viande. De plus, il est recommandé qu'elle soit parallèle au plateau.

Réglage de la sonde de température:

40°C (100°F) : Boeuf bleu
45°C (110°F) : Boeuf saignant
50°C (120°F) : Boeuf mi-saignant
55°C (130°F) : Boeuf à point
60°C (140°F): Darnes ou filets de poisson, boeuf bien cuit
65°C (150°F) : Jambon complètement cuit
68°C (155°F): Veau
71°C (160°F): Porc bien cuit
74° (165°F): Agneau bien cuit
77°C (170°F): Morceaux de volaille
82°C (180°F): Volaille entière, bien cuite

Jardinière de boeuf

Un régal pour tous ceux qui raffolent des légumes

Ingrédients

700 g (1-1/2 lb) de boeuf haché
sel et poivre
1 gros piment vert coupé en lamelles
3 carottes finement tranchées
1 oignon espagnol finement tranché
3 grosses pommes de terre finement tranchées
2 boîtes de 284 ml (10 oz) de soupe aux tomates
persil
basilic

Préparation

— Dans un plat rectangulaire, placer le boeuf, l'oignon, le piment, les carottes, les pommes de terre tranchées, le persil et le basilic; verser la soupe aux tomates et assaisonner.
— Couvrir et cuire à 100 % 20 minutes; retourner à la mi-cuisson.
— Laisser reposer 5 minutes et servir.

Complexité	🍴	
Temps de préparation	30 min	
Coût par portion	$	
Nombre de portions	4 à 6	
Valeur nutritive	4 portions : 649 calories 53,2 g de protéines 8,4 mg de fer	6 portions : 433 calories 35,4 g de protéines 5,6 mg de fer
Équivalences	4 portions : 5 oz de viande 2 portions de pain 3 portions de légumes 1 portion de gras	6 portions : 3 oz de viande 1 portion de pain 2 portions de légumes 1 portion de gras
Temps de cuisson	20 min	
Temps de repos	5 min	
Intensité	100 %	
Inscrivez ici votre temps de cuisson		

Pour attendrir les coupes moins tendres

Certaines coupes de boeuf sont moins tendres, mais plus économiques à l'achat. On peut les attendrir en les faisant macérer, ce qui leur donne aussi une saveur intéressante. Bifteck mariné, bifteck chasseur, boeuf chinois, foie de boeuf : voilà des recettes simples et agréables à préparer. Leur principe consiste à les laisser tremper dans une marinade pendant un certain temps (variable selon les recettes) avant de procéder à la cuisson. Au contact prolongé du liquide, les fibres de la viande s'attendrissent et s'imprègnent de son parfum.

La côte croisée, la palette, les bouts de côte et le flanc de boeuf sont des coupes économiques qui se prêtent très bien à la macération, tout comme les coupes de tendreté moyenne, telles que la ronde, la croupe et la pointe de surlonge.

Une marinade est tout simplement un mélange de liquides et d'assaisonnements qui peut être créé en quelques minutes à partir des ingrédients que vous avez sous la main dans votre cuisine. Prenez soin de percer la viande avec une longue fourchette ou de faire des incisions dans les biftecks afin de permettre à la marinade d'y pénétrer et de produire son effet. Il doit y avoir suffisamment de liquide pour recouvrir la viande.

Roulades de boeuf
à la moutarde

Complexité	 🍴🍴
Temps de préparation	30 min
Coût par portion	$ $ $
Nombre de portions	6
Valeur nutritive	478 calories 27,1 g de protéines 4,4 mg de fer
Équivalences	4 oz de viande 1 portion de légumes 3 portions de gras
Temps de cuisson	24 min
Temps de repos	5 min
Intensité	100 %, 70 %
Inscrivez ici votre temps de cuisson	

Ingrédients

600 g (1-1/4 lb) de filet
de boeuf
2 gros cornichons à l'aneth
poivre
60 ml (4 c. à soupe)
de moutarde de Dijon
8 tranches de bacon
1 oignon haché
30 ml (2 c. à soupe)
de beurre
500 ml (2 tasses)
de bouillon de boeuf chaud
15 ml (1 c. à soupe)
de sauce soya
125 ml (1/2 tasse)
de crème 35 %
60 ml (4 c. à soupe)
de fécule de maïs

Préparation

— Couper la viande en
8 tranches minces et les
cornichons en 8 lamelles.
— Poivrer chaque tranche
de boeuf et les
badigeonner de
moutarde.
— Cuire l'oignon haché à
100 % 1 minute.
— Cuire le bacon à 100 %
5 minutes.
— Placer une tranche de
bacon sur chaque
tranche de boeuf;
parsemer d'oignon cuit
et surmonter d'une
lamelle de cornichon.
— Rouler soigneusement
les tranches de viande;
les fixer avec des
cure-dents.

— Préchauffer un plat à
brunir à 100 %
7 minutes; faire saisir la
viande dans le beurre et
la retourner.
— Arroser la viande avec le
bouillon de boeuf chaud
et la sauce soya.
— Couvrir et cuire à 70 %
3 minutes; retourner les
roulades et poursuivre la
cuisson 2 minutes.
— Retirer les roulades et les
mettre de côté.
— Mélanger la crème avec
la fécule de maïs;
incorporer à la sauce;
fouetter et cuire à 100 %

6 minutes, en remuant à toutes les 2 minutes.
— Remettre les roulades dans la sauce et réchauffer à 70 % 2 minutes.
— Décorer avec des lamelles de cornichons.
— Servir sur un lit de nouilles.

Alliés aux autres ingrédients, les cornichons à l'aneth, la moutarde de Dijon et le bacon donneront un goût incomparable à ce plat.

TRUCS

Pour séparer les tranches de bacon congelées,
il suffit de chauffer le paquet à 100 % de 20 à 30 secondes. Retirer graduellement les tranches décongelées.

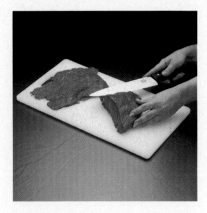

Couper le filet de boeuf en 8 tranches minces et les cornichons en 8 lamelles.

Badigeonner les tranches de viande avec la moutarde, puis les surmonter d'une tranche de bacon et d'une lamelle de cornichon avant de les rouler et de les attacher avec un cure-dent.

Verser le bouillon de boeuf chaud et la sauce soya sur les roulades après les avoir fait saisir dans un plat à brunir.

Pour obtenir une sauce onctueuse, incorporer la crème et la fécule de maïs à la sauce. Fouetter vigoureusement.

Remettre les roulades dans la sauce avant de parachever la cuisson.

Décorer avec des lamelles de cornichons avant de servir sur un lit de nouilles.

Pour faire sécher les fines herbes

Les herbes fraîches, telles que le basilic, le thym ou le persil, ne se conservent normalement que quelques jours au réfrigérateur. Avec le four micro-ondes, toutefois, rien de plus simple que de sécher les herbes.
Pour ce faire, laver les herbes quand elles sont parfaitement fraîches, les essorer soigneusement à l'aide de papier essuie-tout, puis les laisser à l'air libre de la cuisine quelques heures, jusqu'à ce qu'elles ne portent plus aucune trace d'humidité.
Placer 3 feuilles de papier essuie-tout dans une assiette de verre et y disposer en couronne 5 tiges d'herbes avec leurs feuilles. Recouvrir d'une autre feuille de papier essuie-tout et chauffer au four micro-ondes 100 % 1 minute.
Tourner l'assiette d'un demi-tour. Si les herbes ne sont pas suffisamment sèches, répéter l'opération.
À noter que les herbes trop longtemps chauffées risquent de s'enflammer. Laisser refroidir les herbes, puis émietter les feuilles séparées des tiges.
Conserver dans un pot hermétiquement fermé.

Filet mignon

Considéré par certains comme la coupe princière du boeuf, le filet mignon réussit immanquablement à séduire les convives.

Complexité	🍴
Temps de préparation	5 min
Coût par portion	$ $ $
Nombre de portions	4
Valeur nutritive	377 calories 36,1 g de protéines 6,1 mg de fer
Équivalences	8 oz de viande
Temps de cuisson	3 min
Temps de repos	aucun
Intensité	70 %
Inscrivez ici votre temps de cuisson	

Ingrédients
4 filets mignons de 225 g (1/2 lb)
60 ml (4 c. à soupe) de beurre fondu
60 ml (4 c. à soupe) de sauce soya

Préparation
— Mélanger le beurre fondu et la sauce soya.
— Badigeonner les filets mignons et les disposer dans une clayette.
— Cuire chaque filet séparément à 70 % 1-1/2 minute; retourner le filet et poursuivre la cuisson 1-1/2 minute, ou jusqu'à ce que le degré désiré soit atteint.
— Répéter l'opération pour chacun des autres filets.

Boeuf chinois

Complexité	🍴
Temps de préparation	30 min*
Coût par portion	$ $
Nombre de portions	4
Valeur nutritive	283 calories 24,7 g de protéines 3,9 mg de fer
Équivalences	3 oz de viande 1 portion de légumes 1 portion de gras
Temps de cuisson	10 min
Temps de repos	5 min
Intensité	100 %
Inscrivez ici votre temps de cuisson	

* La viande doit macérer pendant au moins 1 heure.

Ingrédients

450 g (1 lb) de bifteck
de boeuf tendre
45 ml (3 c. à soupe)
de sauce soya
30 ml (2 c. à soupe) de saké
ou de liqueur de cerise
5 ml (1 c. à thé)
de fécule de maïs
30 ml (2 c. à soupe)
d'huile végétale
2 ml (1/2 c. à thé) de sel
1 oignon tranché mince
1 piment vert tranché mince
1 branche de céleri émincée
4 petits bâtons de
gingembre frais
4 échalotes
finement hachées

Préparation

— Couper finement la
viande en biseau.

— Mélanger la viande avec
la sauce soya, le saké ou
la liqueur de cerise et la
fécule de maïs. Laisser
reposer 1 heure.
— Mettre l'huile, le sel,
l'oignon, le piment vert
et le céleri dans un plat
allant au four micro-
ondes; couvrir et cuire à
100 % 2 minutes; ajouter
le gingembre, couvrir à
nouveau et poursuivre la
cuisson 5 minutes.
— Ajouter la viande à la
sauce; bien remuer et
répartir également sur
toute la surface du plat.
— Cuire à 100 % 3 minutes;
remuer à la mi-cuisson
et à la fin de la cuisson.
— Laisser reposer
5 minutes, couvert.

*L'oignon, le piment vert et le
céleri sont des légumes souvent
utilisés dans les recettes
d'inspiration orientale.*

Mélanger la viande avec la sauce soya, le saké ou la liqueur de cerise et la fécule de maïs, puis laisser macérer 1 heure.

Pendant ce temps, couper l'oignon, le piment vert ainsi que le céleri, et les verser dans un bol allant au four à micro-ondes.

Quand la cuisson est terminée, garnir avec des échalotes, couvrir et laisser reposer 5 minutes avant de servir.

Boeuf au céleri et au bacon

Complexité	
Temps de préparation	25 min
Coût par portion	$
Nombre de portions	4
Valeur nutritive	492 calories 32,4 g de protéines 5 mg de fer
Équivalences	4-1/2 oz de viande 1 portion de légumes 3 portions de gras
Temps de cuisson	50 min
Temps de repos	aucun
Intensité	100 %, 50 %
Inscrivez ici votre temps de cuisson	

Ingrédients

700 g (1-1/2 lb) de cubes de boeuf
4 branches de céleri
30 à 45 ml
(2 à 3 c. à soupe) d'huile
8 tranches de bacon coupé en lamelles
2 oignons moyens émincés
1 gousse d'ail hachée
50 ml (1/4 de tasse) de farine tout usage
125 ml (1/2 tasse) de vin rouge
1 bouquet garni
300 ml (1-1/4 tasse) de bouillon de boeuf
sel et poivre

Préparation

— Laver les branches de céleri et en retirer les fils; couper en lamelles fines.
— Faire revenir le bacon à 100 % 4 minutes sur le gril; égoutter.
— Chauffer un plat à rôtir à 100 % 7 minutes; y verser l'huile et chauffer à nouveau 15 secondes.
— Cuire le céleri, l'oignon et l'ail dans le plat à rôtir chaud et remuer jusqu'à ce que ces derniers cessent de crépiter dans le plat; saupoudrer de farine et ajouter peu à peu le vin. Mélanger.
— Ajouter le boeuf, le bacon, le bouquet garni et le bouillon de boeuf.
— Saler et poivrer; remuer.
— Couvrir et cuire à 100 % 5 minutes, puis à 50 % 30 minutes.
— Avant de servir, rectifier l'assaisonnement, retirer le bouquet garni et verser la préparation dans un plat creux.

TRUCS

Pour faire disparaître toute odeur de cuisson du four :
Dans un petit bol en verre, mélanger une tasse d'eau avec le jus et le zeste d'un citron. Chauffer le tout au four à 100 % pendant 3 minutes.
Avec un linge sec, essuyer les parois du four.

Une façon différente d'apprêter les restes
On peut réchauffer les restes de boeuf pour en faire de délicieux sandwiches. Il suffit de placer plusieurs tranches minces de viande à l'intérieur d'un petit pain beurré. Chauffer une minute à 50 %.

Une façon simple de préparer du beurre à l'ail
Faire fondre 225 g (1 tasse) de beurre ou de margarine avec 3 gousses d'ail pelées et coupées en deux. Laisser reposer 18 minutes et retirer l'ail.

Boeuf bourguignon

Complexité	 (icône couverts)
Temps de préparation	30 min
Coût par portion	$ $ $
Nombre de portions	8
Valeur nutritive	314 calories 27,4 g de protéines 4,2 mg de fer
Équivalences	3 oz de viande 2 portions de légumes 1 portion de gras
Temps de cuisson	1 h 15 min
Temps de repos	10 min
Intensité	100 %, 50 %
Inscrivez ici votre temps de cuisson	

Ingrédients

1,1 kg (2-1/2 lb) de cubes de ronde de boeuf
50 ml (1/4 de tasse) de farine
5 ml (1 c. à thé) de sel
8 grains de poivre
50 ml (1/4 de tasse) d'huile
125 ml (1/2 tasse) de poireaux tranchés
125 ml (1/2 tasse) d'oignons tranchés
125 ml (1/2 tasse) de carottes tranchées minces
1 gousse d'ail émincée
30 ml (2 c. à soupe) de persil
30 ml (2 c. à soupe) de cognac
2 clous de girofle
1 ml (1/4 de c. à thé) de marjolaine
paprika
375 ml (1/2 bout.) de vin rouge

Préparation

— Dans une tasse, mélanger la farine, le sel et le poivre.
— Préchauffer le plat à rôtir à 100 % 7 minutes; ajouter l'huile et faire revenir les cubes de boeuf.
— Enfariner le boeuf doré; bien mélanger. Si possible, transférer les aliments dans un caquelon.
— Ajouter les légumes et le vin. Couvrir et cuire à 100 % de 4 à 5 minutes, ou jusqu'à ébullition complète.
— Chauffer le cognac, le flamber et le verser sur la viande. Assaisonner; bien mélanger.
— Couvrir. Cuire à 50 % de 60 à 70 minutes, ou jusqu'à ce que la viande devienne tendre. Remuer à la mi-cuisson.
— Sans découvrir, laisser reposer 10 minutes. Servir.

Les cubes de ronde de boeuf conviennent très bien à la préparation de cette recette simple mais savoureuse.

À l'aide d'un petit tamis, saupoudrer uniformément les cubes de boeuf dorés de farine avant de bien mélanger.

Ajouter le vin tout de suite après les légumes, et porter à ébullition avant de flamber le cognac et de le verser sur la viande.

Boeuf à la bière

Complexité	🍴
Temps de préparation	15 min
Coût par portion	**$**
Nombre de portions	6
Valeur nutritive	342 calories 33,5 g de protéines 5,1 mg de fer
Équivalences	4 oz de viande 1/2 portion de pain 1 portion de gras
Temps de cuisson	1 h 15 min
Temps de repos	10 min
Intensité	100 %, 50 %
Inscrivez ici votre temps de cuisson	

Ingrédients

1,1 kg (2-1/2 lb) de cubes
de boeuf
paprika
poivre
50 ml (1/4 de tasse) d'huile
250 ml (1 tasse) d'oignons
tranchés
45 ml (3 c. à soupe)
de farine
15 ml (1 c. à soupe)
de cassonade
250 ml (1 tasse) de bière
125 ml (1/2 tasse)
de consommé de boeuf

Préparation

— Saupoudrer la viande de
poivre et de paprika.
— Préchauffer le plat à rôtir
à 100 % 7 minutes;
ajouter l'huile.
— Rôtir la viande; la
retirer.
— Ajouter tous les autres
ingrédients; amener à
ébullition à 100 %.
— Ajouter la viande et
couvrir. Cuire à 50 %
environ une heure, ou
jusqu'à ce que la viande
devienne tendre.
Remuer à la mi-cuisson.
— Laisser reposer
10 minutes, couvert.
Servir.

Une préparation simple, qui ne requiert que des ingrédients économiques et faciles à trouver.

Placer les cubes dans un plat à
rôtir préchauffé contenant de
l'huile et les faire brunir
également.

Ajouter la viande brunie au
mélange d'oignon, de farine, de
cassonade, de bière et de
consommé de boeuf après l'avoir
porté à ébullition.

TRUCS

**Pour peler des gousses
d'ail sans difficulté...**
Il existe un truc très
simple: il suffit de les
rincer d'abord à l'eau
chaude.

Brochettes de boeuf

Complexité	🍴
Temps de préparation	15 min*
Coût par portion	$ $
Nombre de portions	4
Valeur nutritive*	243 calories 25,1 g de protéines 3,9 mg de fer
Équivalences*	3 oz de viande
Temps de cuisson	5 min
Temps de repos	2 min
Intensité	70 %
Inscrivez ici votre temps de cuisson	

* La viande doit macérer pendant au moins 1 heure.

Ingrédients

16 cubes de surlonge
2 ml (1/2 c. à thé) de chili en poudre
2 gousses d'ail pilées
5 ml (1 c. à thé) de cumin moulu
5 ml (1 c. à thé) de sucre
30 ml (2 c. à soupe) de sauce soya
1 oignon râpé
15 ml (1 c. à soupe) de jus de citron
légumes aux choix

* Ne tiennent pas compte des légumes.

Préparation

— Mélanger tous les ingrédients, sauf les cubes de boeuf.
— Ajouter la viande à la marinade; laisser macérer 1 heure.
— Piquer les cubes de boeuf et les légumes sur 4 tiges de bois.
— Déposer les brochettes dans un récipient carré de 20 cm (8 po).
— Cuire à 70 % 5 minutes pour obtenir des cubes moyennement cuits; cuire un peu plus pour une viande bien cuite. Interrompre la cuisson deux fois pour retourner le plat d'un demi-tour.
— Laisser reposer 2 minutes et servir.

Préparer la marinade en mélangeant tous les ingrédients, à l'exception des cubes de boeuf.

60

Ajouter la viande à la marinade et laisser macérer pendant 1 heure, pour attendrir la viande et lui donner un parfum agréable.

Lorsque la viande est bien marinée, piquer chacun des cubes sur 4 tiges de bois et les déposer dans un récipient carré.

Placer le récipient au four à micro-ondes sur un plateau tournant, afin de tourner le plat deux fois d'un demi-tour en cours de cuisson.

Bouilli

Complexité	 (utensils icon)
Temps de préparation	30 min
Coût par portion	$ $
Nombre de portions	6
Valeur nutritive	331 calories 37,5 g de protéines 6,4 mg de fer
Équivalences	2 oz de viande 2 portions de légumes 1 portion de gras
Temps de cuisson	1 h 10 min
Temps de repos	15 min
Intensité	100 %, 50 %
Inscrivez ici votre temps de cuisson	

Ingrédients

900 g (2 lb) de cubes de
haut de ronde
6 pommes de
terre moyennes
coupées en cubes
4 grosses carottes tranchées
en rondelles
1 navet moyen coupé
en cubes
3 petits oignons
225 g (1/2 lb) de
haricots verts
1,5 l (6 tasses) d'eau
15 ml (1 c. à soupe)
de bouillon de boeuf
concentré (Bovril)
sel et poivre
5 ml (1 c. à thé) d'estragon
15 ml (1 c. à soupe)
de persil

Préparation

— Cuire tous les légumes
dans un plat couvert
avec un peu d'eau à
100 % de 5 à 6 minutes.
— Mélanger les légumes
cuits dans un récipient
de 5 l; ajouter l'eau et le
bouillon de boeuf
concentré; chauffer à
100 % 5 minutes.
— Ajouter la viande et les
épices, couvrir et cuire à
50 % 60 minutes ou
jusqu'à tendreté.
Brasser à la mi-cuisson.
— Laisser reposer
15 minutes et servir.

*La grande quantité de légumes
qui entrent dans la composition
de ce mets traditionnel en font un
plat très nutritif.*

Couper les légumes et les mettre avec un peu d'eau dans une casserole allant au four à micro-ondes.

Lorsque les légumes ont franchi la première étape de la cuisson, les transférer dans une casserole de 5 l et ajouter le bouillon de boeuf concentré et l'eau.

Ajouter les cubes de viande et les épices avant de couvrir et de cuire pendant 50 à 60 minutes ou jusqu'à tendreté.

Bifteck d'aloyau
(T-bone)

Complexité	
Temps de préparation	ultra-rapide
Coût par portion	$ $ $
Nombre de portions	1
Valeur nutritive	322 calories 48,75 g de protéines 7,25 mg de fer
Temps de cuisson	4 min
Temps de repos	aucun
Intensité	70%
Inscrivez ici votre temps de cuisson	

Ingrédients
1 bifteck d'aloyau de 225 g (8 oz)
5 ml (1 c. à thé) de beurre
5 ml (1 c. à thé) de bouillon de boeuf concentré (Bovril)

Préparation
— Mélanger le beurre et le bouillon de boeuf concentré; badigeonner le bifteck.
— Placer le bifteck sur une clayette et cuire à 70 % 2 minutes.
— Tourner la clayette d'un demi-tour, retourner le bifteck sur lui-même et poursuivre la cuisson à 70 % 2 minutes, pour un bifteck saignant. Cuire plus longtemps pour une viande plus cuite.

Boeuf braisé

Complexité	🍴
Temps de préparation	30 min
Coût par portion	$
Nombre de portions	6
Valeur nutritive	385 calories 52,5 g de protéines 8,5 mg de fer
Équivalences	5 oz de viande 1 portion de légume
Temps de cuisson	1 h 40 min
Temps de repos	10 min
Intensité	100 %, 50 %
Inscrivez ici votre temps de cuisson	

Ingrédients

1,3 kg (3 lb) de pointe de poitrine de boeuf, coupée en gros morceaux
30 ml (2 c. à soupe) d'huile
750 ml (3 tasses) de bouillon de boeuf
1 boîte de 398 ml (14 oz) de tomates
4 carottes coupées en lamelles
2 oignons espagnols coupés en quartiers
1 navet coupé en lamelles
4 clous de girofle
1 ml (1/4 de c. à thé) de quatre-épices
2 feuilles de laurier
sel et poivre

Préparation

— Préchauffer le plat à rôtir à 100 % 7 minutes. Y verser de l'huile et chauffer à nouveau 15 secondes.
— Ajouter la viande et saisir la viande de tous les côtés; retirer.
— Ajouter les légumes et cuire à 100 % 6 minutes; incorporer le bouillon de boeuf, les tomates et les épices.
— Amener à ébullition; cuire à 100 % de 6 à 8 minutes.
— Ajouter la viande et cuire à 50 % 45 minutes.
— Retourner la viande et poursuivre la cuisson à 50 % 45 minutes, ou jusqu'à ce que la viande soit tendre.
— Retirer la viande et les légumes; dégraisser le bouillon en retirant l'excès de gras en suspension à la surface; filtrer la sauce.
— Préparer un beurre manié, en faisant ramollir du beurre et en y ajoutant une égale quantité de farine; incorporer à la sauce et mélanger jusqu'à épaississement.
— Cuire à 100 % jusqu'à consistance désirée, en brassant à toutes les 2 minutes. Servir.

Rassembler tous les ingrédients
nécessaires à la recette. Couper la
viande et les légumes de la
manière indiquée.

Après avoir fait cuire les légumes
6 minutes, incorporer le bouillon
de boeuf, les tomates et les épices.

Retirer l'excès de gras qui se
trouve à la surface du bouillon en
le filtrant.

Boeuf aux olives

Complexité		
Temps de préparation	10 min	
Coût par portion	$ $	
Nombre de portions	6 à 8	
Valeur nutritive	6 portions : 514 calories 54,6 g de protéines 8,5 mg de fer	8 portions : 385 calories 40,9 g de protéines 6,4 mg de fer
Équivalences	6 portions : 6 oz de viande 2 portions de gras	8 portions : 5 oz de viande 1 portion de gras
Temps de cuisson	1 h 30 min	
Temps de repos	10 min	
Intensité	100 %, 50 %	
Inscrivez ici votre temps de cuisson		

Ingrédients

1,5 kg (3-1/4 lb) de cubes de boeuf
50 ml (1/4 de tasse) d'huile d'olive
1 gros oignon haché
2 gousses d'ail hachées
45 ml (3 c. à soupe) de farine
sel et poivre
250 ml (1 tasse) de vin rouge
250 ml (1 tasse) de bouillon de boeuf
48 olives farcies

Préparation

— Préchauffer le plat à rôtir à 100 % 7 minutes. Y verser l'huile et chauffer 15 secondes.
— Enfariner la viande et la saisir.
— Ajouter l'oignon, l'ail, le vin rouge et le bouillon de boeuf; cuire à 100 % 3 minutes.
— Poursuivre la cuisson à 100 % 5 minutes; diminuer l'intensité à 50 % et cuire 75 minutes, ou jusqu'à ce que la viande devienne tendre. Remuer à la mi-cuisson.
— Ajouter les olives et servir.

Rassembler les ingrédients nécessaires à la préparation de cette succulente recette.

Enfariner la viande avant de la cuire. Pendant ce temps, préchauffer le plat à rôtir.

Faire saisir la viande enfarinée, puis ajouter l'oignon, l'ail, le vin rouge et le bouillon de boeuf.

Ajouter les olives juste avant de servir, quand la cuisson est complètement terminée.

Choux farcis

Complexité	🍴🍴
Temps de préparation	40 min
Coût par portion	$
Nombre de portions	8
Valeur nutritive	327 calories 2,7 g de protéines 4,9 mg de fer
Équivalences	3 oz de viande 1/2 portion de pain 2 portions de légumes
Temps de cuisson	46 min
Temps de repos	aucun
Intensité	100 %, 70 %
Inscrivez ici votre temps de cuisson	

Ingrédients
900 g (2 lb) de boeuf haché maigre
125 ml (1/2 tasse) de fromage cheddar râpé
125 ml (1/2 tasse) de riz à grain long, non-cuit
1 boîte de 540 ml (19 oz) de jus de tomate
1 boîte de 160 ml (5-1/2 oz) de purée de tomates
1 boîte de 398 ml (14 oz) de sauce tomate à l'italienne
1 chou vert
sel et poivre
origan

Préparation
— Retirer le coeur du chou; cuire le chou dans 50 ml (1/4 de tasse) d'eau bouillante à 100 % de 5 à 7 minutes, recouvert d'une pellicule plastique; retourner à la mi-cuisson.
— Mélanger le fromage au boeuf haché.
— Détacher les feuilles de chou et les farcir avec 15 ml (1 c. à soupe) de riz et une boulette de boeuf haché; refermer et attacher avec un cure-dent.
— Mélanger les ingrédients liquides; assaisonner.
— Disposer les feuilles de chou farcies dans une cocotte; y verser la sauce tomate.
— Cuire à 100 % 7 minutes; faire faire un demi-tour au plat, puis poursuivre la cuisson 15 minutes à 70 %.
— Redisposer les choux en mettant ceux qui se trouvent au centre vers l'extérieur du plat et poursuivre la cuisson 15 à 17 minutes à 70 %.

Les amateurs de cuisine italienne auront grand plaisir à savourer cette délicieuse recette où sont réunis le boeuf haché, le chou, les tomates et le fromage.

Après avoir retiré le coeur du chou, le faire cuire dans de l'eau bouillante pendant 5 à 7 minutes, recouvert d'une pellicule plastique.

Farcir chaque feuille de chou avec le riz et le mélange de fromage et de boeuf haché. Attacher avec un cure-dent pour maintenir en place.

Casserole de boeuf haché

Complexité	🍴
Temps de préparation	15 min
Coût par portion	$
Nombre de portions	4
Valeur nutritive	263,25 calories 28,4 g de protéines 5 mg de fer
Équivalences	3 oz de viande 2 portions de légumes
Temps de cuisson	16 min
Temps de repos	5 min
Intensité	100 %
Inscrivez ici votre temps de cuisson	✏️🍎

Ingrédients
450 g (1 lb) de boeuf
haché maigre
225 g (1/2 lb) de haricots
verts coupés en morceaux
de 2,5 cm (1 po)
2 branches de céleri haché
250 ml (1 tasse) de bouillon
de boeuf
115 g (4 oz) de
champignons coupés
en deux
455 ml (16 oz) de
tomates égouttées
10 ml (2 c. à thé) de
sauce Worcestershire
sel et poivre
10 ml (2 c. à thé) de persil
une pincée d'origan, de
thym et de poudre d'ail

Préparation
— Précuire le céleri et les
champignons à 100 % de
2 à 3 min couverts; cuire
les haricots verts à 100 %
de 5 à 6 minutes
couverts; remuer à la mi-
cuisson.
— Mélanger le boeuf haché
et cuire à 100 %
3 minutes; remuer et
poursuivre la cuisson à
100 % 3 minutes.
— Incorporer les haricots
verts, les autres
ingrédients et le bouillon
de boeuf mélangé au jus
des tomates; déchiqueter
les tomates et les
ajouter.
— Couvrir et cuire à 100 %
5 minutes; servir.

*Disposer les haricots verts dans
une casserole couverte allant au
four à micro-ondes.*

Cuire le boeuf haché séparément et incorporer les haricots verts en même temps que tous les autres ingrédients.

TRUCS

Pour congeler de grandes quantités de boeuf haché, il est très pratique de le séparer en blocs de 450 à 700 g (1 à 1-1/2 lb) et d'en creuser le centre, ce qui facilitera la décongélation.

Pour réchauffer des petits pains

Deux minutes suffisent à réchauffer des petits pains au four à micro-ondes. Placer une douzaine de petits pains dans un panier contenant une serviette de table. Recouvrir les pains avec la serviette, chauffer à 100 % 30 secondes. Vérifier la chaleur des pains et répéter l'opération jusqu'à ce qu'ils soient tièdes.

Omelette au boeuf

Complexité	🍴
Temps de préparation	30 min
Coût par portion	**$**
Nombre de portions	4
Valeur nutritive	320 calories 26,1 g de protéines 4,5 mg de fer
Équivalences	3 oz de viande 1/2 portion de pain 1 portion de légumes 1 portion de gras
Temps de cuisson	15 min
Temps de repos	aucun
Intensité	100 %, 70 %
Inscrivez ici votre temps de cuisson	

Ingrédients

350 g (12 oz) de boeuf haché maigre
1 oignon haché
15 ml (1 c. à soupe) de sauce soya
30 ml (2 c. à soupe) de beurre
350 g (12 oz) de pommes de terre râpées
5 oeufs
50 ml (1/4 de tasse) de lait 2 %
2 ml (1/2 c. à thé) de paprika
poivre

Préparation

— Cuire la viande et l'oignon à 100 % 4 minutes; ajouter la sauce soya.

— Dans une assiette à tarte, fondre le beurre à 100 % 1 minute, ajouter les pommes de terre et cuire à 100 % 4 minutes; tourner le plat d'un demi-tour à la mi-cuisson.

— Mélanger tous les autres ingrédients et ajouter aux pommes de terre cuites; cuire à 100 % 1 minute.

— Ajouter la viande cuite; cuire à 70 % 1 minute.

— Soulever les rebords de l'omelette pour que les oeufs non cuits s'y écoulent; poursuivre la cuisson à 70 % 4 minutes, ou jusqu'à ce que l'omelette soit cuite, tournant le plat d'un demi-tour à la mi-cuisson.

Les oeufs, l'oignon, les pommes de terre râpées et le boeuf haché constituent les principaux ingrédients de cette recette facile à préparer.

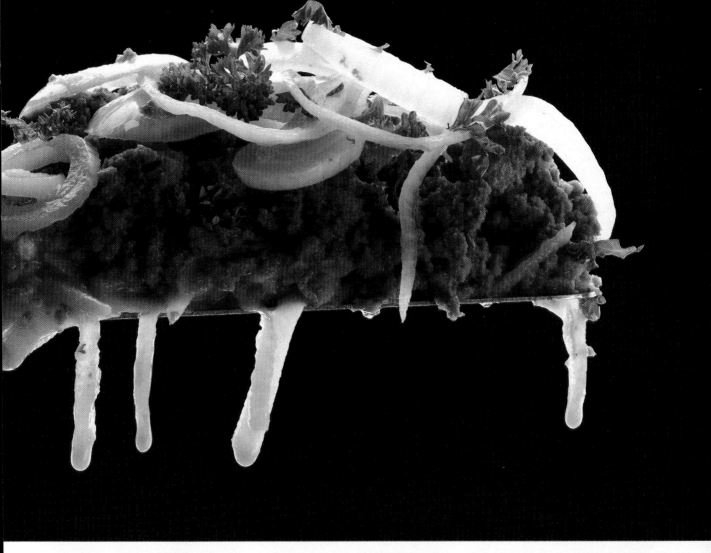

Lorsque les pommes de terre râpées sont cuites, ajouter le mélange de sauce soya, d'oeufs, de lait, de paprika et de poivre.

Incorporer la viande cuite à la préparation ainsi obtenue et cuire à 70 % pendant 1 minute.

Étendre l'omelette uniformément avant la dernière étape de la cuisson. Soulever les rebords pour que les oeufs non cuits s'y écoulent.

75

Ramequin de boeuf

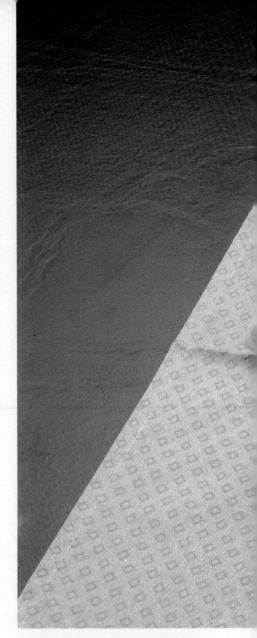

Complexité	🍴
Temps de préparation	20 min
Coût par portion	$
Nombre de portions	6
Valeur nutritive	222 calories 18,5 g de protéines 2,9 mg de fer
Équivalences	2 oz de viande 1/2 portion de pain 1 portion de légumes
Temps de cuisson	10 min
Temps de repos	3 min
Intensité	100 %, 70 %
Inscrivez ici votre temps de cuisson	

Ingrédients

450 g (1 lb) de boeuf
haché maigre
125 ml (1/2 tasse) de
crème 15 %
1 oeuf
125 ml (1/2 tasse) de gruau
30 ml (2 c. à soupe) de
céleri haché finement
4 échalotes coupées
finement
4 craquelins
sel et poivre
5 ml (1 c. à thé) d'estragon
6 tranches de piment rouge

Préparation

— Mélanger tous les
  ingrédients, sauf le
  piment.
— Déposer une tranche de
  piment rouge au fond de
  chaque ramequin;
  recouvrir avec la viande.
— Cuire à 100 % 3 minutes;
  diminuer l'intensité à
  70 % et poursuivre la
  cuisson 7 minutes,
  tournant le plat d'un
  demi-tour à la mi-
  cuisson.
— Laisser reposer
  3 minutes et servir avec
  une sauce bordelaise.

Rassembler les ingrédients de ce plat sans prétention qui convient à toutes les bourses.

Déposer une tranche de piment rouge au fond de chacun des ramequins.

Remplir chaque ramequin avec la préparation obtenue en ayant mélangé tous les ingrédients.

Quand le mélange est cuit et que le temps de repos est écoulé, renverser dans l'assiette avant de servir.

Hambourgeois

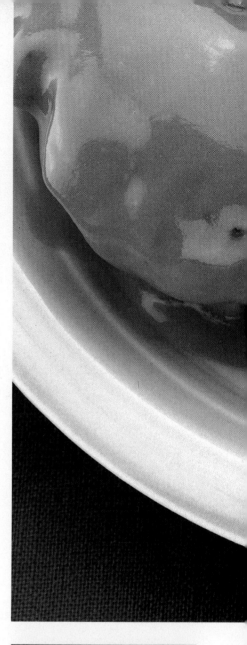

Complexité	🍴
Temps de préparation	15 min
Coût par portion	💲
Nombre de portions	4
Valeur nutritive	358 calories 28,9 g de protéines 4,3 mg de fer
Équivalences	3-1/2 oz de viande 2 portions de légumes 1 portion de gras
Temps de cuisson	12 min
Temps de repos	aucun
Intensité	90 %, 100 %
Inscrivez ici votre temps de cuisson	

Ingrédients
450 g (1 lb)
de boeuf haché maigre
1 oeuf
3 oignons moyens tranchés
en rondelles
1 oignon moyen haché
finement
sel et poivre
15 ml (1 c. à soupe)
de sauce soya
1 enveloppe de sauce au
boeuf instantanée,
préparation en 4 minutes

Préparation
— Mélanger le boeuf
  haché, l'oeuf et l'oignon
  haché finement; préparer
  4 grosses boulettes.
— Déposer les boulettes sur
  le gril à bacon; cuire à
  90 % de 7 à 8 minutes.
— Mélanger les oignons
  tranchés en rondelles et
  la sauce soya; cuire à
  100 % 4 minutes; brasser
  à la mi-cuisson; déposer
  sur les boulettes.
— Servir avec une
  préparation de sauce au
  boeuf instantanée.

Disposer les boulettes dans un gril à bacon, pour permettre au gras du boeuf de s'écouler pendant la cuisson.

Trancher les oignons en rondelles
et les mélanger avec la sauce
soya; cuire dans un petit bol
recouvert de pellicule plastique.

À l'aide d'un petit fouet, préparer
une sauce au boeuf instantanée,
disponible dans le commerce.

Avant de servir, disposer les
oignons, sur les boulettes cuites,
et recouvrir de la sauce
instantanée.

79

Pain de viande aux épinards

Complexité	🍴
Temps de préparation	35 min
Coût par portion	💲
Nombre de portions	6
Valeur nutritive	364 calories 32,8 g de protéines 6 mg de fer
Équivalences	4 oz de viande 2 portions de légumes
Temps de cuisson	24 min
Temps de repos	5 min
Intensité	100 %, 70 %
Inscrivez ici votre temps de cuisson	

Ingrédients
Farce
283 g (10 oz)
d'épinards frais
250 ml (1 tasse) de
champignons émincés
125 ml (1/2 tasse) d'oignon
60 ml (1/4 de tasse)
de persil
125 ml (1/2 tasse)
de chapelure
1 oeuf
muscade
sel et poivre

Viande
675 g (1-1/2 lb) de boeuf
haché maigre
250 ml (1 tasse) de fromage
cheddar râpé
125 ml (1/2 tasse)
de chapelure
1 oeuf

10 ml (2 c. à thé) de sauce
Worcestershire
sel et poivre

Préparation
Farce
— Laver les épinards; cuire
à 100 % 5 minutes, puis
les égoutter et les
presser en boule.
— Cuire les champignons
et l'oignon à 100 %
3 minutes; retirer le jus
de cuisson.
— Ajouter le persil, la
chapelure, l'oeuf, et la
muscade; saler et
poivrer, mélanger le
tout avec les épinards.

Viande
— Mélanger le boeuf
haché, le fromage
cheddar, la chapelure,
l'oeuf, la sauce
Worcestershire, le sel et
le poivre.
— Étendre sur du papier
ciré pour former un
rectangle d'environ 1 cm
d'épaisseur; étaler la
farce uniformément;
rouler à partir de la plus
petite extrémité, pour
faire une bûche. Relever
le papier et rouler la
viande recouverte
jusqu'à ce qu'elle soit
suffisamment serrée;
détacher le papier.
— Placer dans un plat;
cuire à 100 % 8 minutes;

retourner le plat,
diminuer l'intensité à
70 % et poursuivre la
cuisson 8 minutes.
— Laisser reposer
5 minutes et servir.

À l'aide d'un tamis et d'une
cuiller, égoutter soigneusement les
épinards cuits avant de préparer
la farce.

Voici les deux types de récipients
les plus souvent utilisés pour la
préparation des pains de viande.

Avec un rouleau à pâte, étendre le mélange de viande sur du papier ciré et réduire à environ 1 cm d'épaisseur.

Étaler la farce sur toute la surface de la viande et la rouler sur elle-même jusqu'à ce qu'elle soit suffisamment serrée.

Cuire le pain de viande après l'avoir placé au centre d'un plat rectangulaire. Tourner le plat 1 fois en cours de cuisson.

Les pains de viande

À base de viande hachée, les pains de viande se servent littéralement à toutes les sauces et acceptent tous les assaisonnements. Seuls votre imagination et vos goûts limitent vos choix.

Il est préférable d'utiliser une viande maigre, car autrement les résultats pourraient laisser à désirer.

Pour vérifier le degré de cuisson du pain de viande, insérez un thermomètre au centre du pain. Le pain est cuit si sa température se situe entre 145°C et 150°C. À défaut d'un thermomètre, piquez le centre du pain et enfoncez. Si le jus qui s'en écoule est clair, le pain est à point.

Pour favoriser l'uniformité de la cuisson de vos pains de viande, nous vous recommandons d'utiliser des plats en anneau. Du fait qu'il n'y a pas de viande au centre du plat, vous n'avez pas à vous soucier qu'elle cuise moins lentement que celle se trouvant vers l'extérieur.

Si vous décidez de congeler vos pains de viande, ne les laissez pas au congélateur plus d'un mois. Pour décongeler, laissez de 20 à 30 min à 30 % de puissance. Le temps de cuisson sera par la suite le même que celui indiqué à la recette.

Pain de viande à la sauce aigre-douce

Ingrédients

900 g (2 lb) de boeuf haché maigre

1 oignon haché
250 ml (1 tasse) de riz cuit
250 ml (1 tasse) de bouillon de boeuf
2 oeufs battus
75 ml (1/3 de tasse) de sauce soya
5 ml (1 c. à thé) de persil
1 ou 2 gousse(s) d'ail écrasées
5 ml (1 c. à thé) de sel
2 ml (1/2 c. à thé) de poivre
340 g (12 oz) de sauce aigre-douce préparée, disponible dans le commerce

Complexité	🍴
Temps de préparation	10 min
Coût par portion	$
Nombre de portions	6
Valeur nutritive	398 calories 34,7 g de protéines 6,4 mg de fer
Équivalences	4 oz de viande 1/2 portion de pain 1 portion de gras
Temps de cuisson	23 min
Temps de repos	aucun
Intensité	100 %, 70 %
Inscrivez ici votre temps de cuisson	✏️

Préparation

— Mélanger tous les ingrédients sauf la sauce; former un pain.
— Cuire à 100 % 8 minutes; retourner le plat, diminuer l'intensité à 70 % et poursuivre la cuisson de 7 à 9 minutes.
— Chauffer la sauce préparée à 100 % de 2 à 4 minutes; brasser à la mi-cuisson.
— Recouvrir le pain de sauce.

Pain de viande à la sauce chili

Complexité	
Temps de préparation	15 min
Coût par portion	$
Nombre de portions	5
Valeur nutritive	331 calories 32 g de protéines 5,5 mg de fer
Équivalences	4 oz de viande 1 portion de légumes
Temps de cuisson	20 min
Temps de repos	5 min
Intensité	100 %, 70 %
Inscrivez ici votre temps de cuisson	

Ingrédients

675 g (1-1/2 lb) de boeuf haché maigre
125 ml (1/2 tasse) de germes de blé
1 grosse carotte râpée
125 ml (1/2 tasse) d'oignon finement haché
125 ml (1/2 tasse) de lait
50 ml (1/4 de tasse) de sauce chili
1 oeuf battu
10 ml (2 c. à thé) de sauce Worcestershire
2 ml (1/2 c. à thé) de moutarde de Dijon
sel et poivre
une pincée d'assaisonnement au chili

Préparation

— Mélanger le lait et l'oeuf avec la sauce chili ajoutée à la sauce Worcestershire.
— Dans un autre bol, mélanger tous les autres ingrédients.
— Réunir les deux mélanges dans un moule à pain; cuire à 100 % 5 minutes.
— Retourner le plat, diminuer l'intensité à 70 % et poursuivre la cuisson 15 minutes.
— Napper de sauce chili, laisser reposer 5 minutes et servir.

Rassembler les ingrédients nécessaires à la préparation de ce pain de viande économique et rapide à cuisiner.

Après avoir préparé le mélange de lait, d'oeufs, de sauce chili et de sauce Worcestershire, réunir la viande et les ingrédients qui s'y rapportent.

Réunir les deux mélanges dans le moule à pain. Rendre la préparation uniforme et cuire selon les directives fournies dans la recette.

TRUCS ◖◖◗

Il est possible de congeler les pains de viandes, pour une période maximum d'un mois. Pour ce faire, laisser refroidir complètement, envelopper soigneusement et congeler. Pour décongeler, chauffer à 30 % de 20 à 30 minutes.

Pour préparer des boulettes...

Une préparation facile, que vous pouvez rehausser d'une sauce à votre goût

Complexité	🍴
Temps de préparation	20 min
Coût par portion	$
Nombre de portions	environ 36 boulettes
Temps de cuisson	24 min
Temps de repos	aucun
Intensité	100 %
Inscrivez ici votre temps de cuisson	

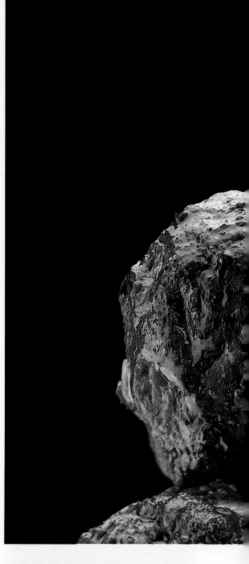

Ingrédients
1,4 kg (3 lb) de boeuf
haché maigre
175 ml (3/4 de tasse)
de chapelure
3 oignons finement hachés
5 oeufs battus
45 ml (3 c. à soupe) de
bouillon de boeuf
concentré (Bovril)
sel et poivre

Préparation
— Mélanger tous les
  ingrédients et former les
  boulettes.
— Cuire sur un gril à bacon
  à 100 % 8 minutes, en le
  tournant à la mi-cuisson;
  servir.

Rassembler les ingrédients nécessaires à la préparation de cette recette de base, peu coûteuse et facile à réaliser.

Après avoir mélangé tous les ingrédients, former des boulettes de taille équivalente.

Disposer les boulettes sur un gril à bacon de forme circulaire, pour que le gras puisse s'écouler pendant la cuisson.

Cuire pendant 24 minutes en prenant soin de tourner le gril à toutes les 4 minutes.

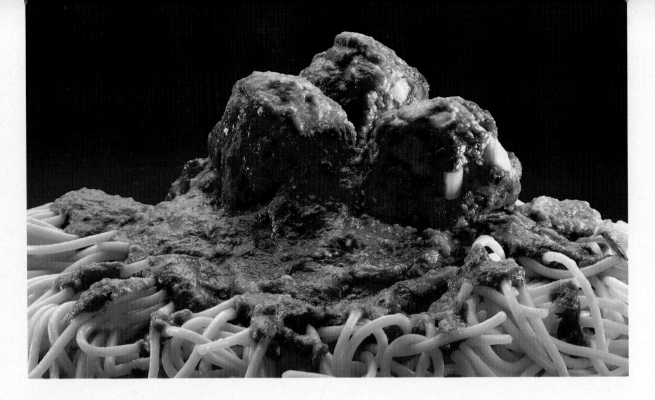

Sauce à l'italienne
avec boulettes

Transforme un plat de pâtes en un festival de couleur
et de parfums irrésistibles

Complexité	🍴
Temps de préparation	10 min
Coût par portion	$
Nombre de portions	6
Valeur nutritive	433,3 calories 30,9 g de protéines 5,2 mg de fer
Équivalences	4,5 oz de viande 2 portions de légumes 1/2 portion de pain
Temps de cuisson	6 min
Temps de repos	aucun
Intensité	100 %
Inscrivez ici votre temps de cuisson	✏️

Ingrédients
426 ml (15 oz) de
sauce tomate
2 ml (1/2 de c. à thé)
de basilic
2 ml (1/2 de c. à thé)
d'origan
30 ml (2 c. à soupe)
de persil
30 ml (2 c. à soupe) de
fromage parmesan râpé
une pincée de sel d'ail

Préparation
— Mélanger tous les
  ingrédients et cuire à
  100 % 3 minutes
— Ajouter les boulettes (18)
  cuites préparées selon la
  recette de base; cuire à
  100 % 3 minutes et
  servir.

Sauce aigre-douce
avec boulettes

Relève délicieusement une garniture ou un plat de riz

Complexité	🍴
Temps de préparation	10 min
Coût par portion	$
Nombre de portions	6
Valeur nutritive	374 calories 28,7 g de protéines 5 mg de fer
Équivalences	4 oz de viande 1/2 portion de pain 1/2 portion de fruits
Temps de cuisson	7 min
Temps de repos	aucun
Intensité	100 %
Inscrivez ici votre temps de cuisson	

Ingrédients
1 boîte de 398 ml (14 oz)
d'ananas broyés
75 ml (5 c. à soupe)
de vinaigre de vin
15 ml (1 c. à soupe)
de fécule de maïs
30 ml (2 c. à soupe)
de ketchup aux fruits
1 piment vert haché
5 ml (1 c. à thé)
de gingembre moulu

Préparation
— Délayer le vinaigre de
  vin avec la fécule
  de maïs.
— Ajouter le mélange
  obtenu aux autres
  ingrédients; bien
  mélanger.
— Cuire à 100 % 2 minutes
  et remuer; poursuivre la
  cuisson à 100 % pendant
  2 minutes.
— Ajouter les boulettes (18)
  cuites préparées selon la
  recette de base; cuire à
  100 % 3 minutes et
  servir.

Une recette à toutes les sauces, pour toutes les occasions

Complexité	
Temps de préparation	30 min
Coût par portion	$
Nombre de portions	4 × 6
Valeur nutritive	57 calories 11,7 g de protéines 1,0 mg de fer
Temps de cuisson	29 min
Temps de repos	aucun
Intensité	100 %, 90 %
Inscrivez ici votre temps de cuisson	

Préparer, séparer en 4 parties et congeler en prévision de repas impromptus

Ingrédients
2,25 kg (5 lb) de boeuf haché maigre
4 oignons moyens
3 gousses d'ail hachées
60 ml (4 c. à soupe) d'huile d'olive
375 ml (12,5 oz) de sauce chili
1 enveloppe de soupe à l'oignon
1 enveloppe de mélange à sauce brune
10 ml (2 c. à thé) de sel

Préparation
— Mélanger l'huile, l'oignon et l'ail; cuire à 100 % de 3 à 5 minutes; remuer 1 ou 2 fois pendant la cuisson.
— Ajouter le boeuf haché; bien mélanger et cuire à 90 % de 14 à 16 minutes, en remuant 2 ou 3 fois en cours de cuisson.
— Ajouter le reste des ingrédients; bien mélanger.
— Couvrir et cuire à 100 % de 5 à 8 minutes.
— Laisser refroidir et congeler en 4 parties égales.

Macaroni chinois

Un goût exotique à la portée de la main et
de toutes les bourses

Ingrédients

340 g (3/4 de lb)
de macaroni
1/4 de recette de base de
boeuf décongelée (voir
recette à la page 90)
2 piments verts
4 branches de céleri
2 oignons
sauce soya
poivre

Préparation

— Cuire les macaronis et
  couper les légumes.
— Faire fondre 15 ml
  (1 c. à soupe) de beurre
  à 100 % de
  30 à 40 secondes.
— Ajouter les légumes;
  cuire à 100 % de
  2 à 4 minutes.
— Réchauffer la viande à
  70 % de 2 à 3 minutes;
  remuer à toutes les
  minutes.
— Mélanger la viande
  cuite, les légumes et les
  macaronis; poivrer et
  ajouter la sauce soya.
Ce mets peut être réchauffé
à 70 % de 3 à 5 minutes.

Complexité	🍴
Temps de préparation	30 min
Coût par portion	$
Nombre de portions	6
Valeur nutritive	396 calories 25,5 g de protéines ,8 mg de fer
Équivalences	3 oz de viande 2 portions de pain 1 portion de légumes
Temps de cuisson	10 min
Temps de repos	aucun
Intensité	100 %, 70 %
Inscrivez ici votre temps de cuisson	

Pâté chinois

Un repas facile qui plaît à toute la famille

Ingrédients

625 ml (2-1/2 tasses) de purée de pommes de terre
1/4 de recette de base de boeuf décongelée (voir recette à la page 90)
5 ml (1 c. à thé) de bouillon de boeuf en poudre
1 paquet de 420 g (14 oz) de maïs en grain
125 ml (1/2 tasse) de fromage cheddar jaune râpé
1 oeuf
5 ml (1 c. à thé) de persil
1/2 ml (1/8 de c. à thé) de paprika

Complexité	🍴
Temps de préparation	35 min
Coût par portion	$
Nombre de portions	6
Valeur nutritive	380,5 calories 27 g de protéines 5,5 mg de fer
Équivalences	4 oz de viande 1 portion de pain 1 portion de légumes
Temps de cuisson	15 min
Temps de repos	aucun
Intensité	100 %, 70 %
Inscrivez ici votre temps de cuisson	✏️🍎

Préparation
— Mettre le paquet de boeuf décongelé dans un récipient.
— Incorporer le bouillon de boeuf en poudre et remuer.
— Disposer le maïs décongelé au centre du mélange de boeuf.
— Préparer la purée de pommes de terre; y ajouter le fromage, l'oeuf, le persil et le paprika; mélanger.
— Étaler la purée de pommes de terre sur le maïs; cuire à 100 % 5 minutes, puis réduire l'intensité à 70 % et poursuivre la cuisson de 8 à 10 minutes.

Chili

Une préparation simple et rapide qui peut être servie
avec du riz ou des pommes de terre

Complexité	🍴
Temps de préparation	10 min
Coût par portion	**$**
Nombre de portions	6
Valeur nutritive	340 calories 25,1 g de protéines 5,5 mg de fer
Équivalences	4 oz de viande 1 portion de légumes
Temps de cuisson	10 min
Temps de repos	aucun
Intensité	100 %
Inscrivez ici votre temps de cuisson	

Ingrédients
1/4 de recette de base de
boeuf décongelée (voir
recette à la page 90)
1 boîte de 213 ml (7,5 oz)
de sauce tomate
1 boîte de 398 ml (14 oz)
de haricots rouges
10 ml (2 c. à thé) de
poudre de chili

Préparation
— Dans un récipient,
mélanger tous les
ingrédients.
— Couvrir et cuire à 100 %
de 6 à 10 minutes.

Piments farcis

Ingrédients

1/4 de recette de base de boeuf décongelée (voir recette à la page 90)
250 ml (1 tasse) de riz cuit

1 boîte de 398 ml (14 oz) de sauce tomate
2 ml (1/2 c. à thé) de basilic
2 ml (1/2 c. à thé) de sel
1/2 ml (1/8 de c. à thé)

de poivre
2 gros piments verts
2 gros piments rouges
80 ml (1/3 de tasse) de fromage râpé

Préparation

— Couper les piments et en retirer les graines et les membranes.
— Mélanger le boeuf, le riz, la moitié de la sauce tomate, le basilic, le sel et le poivre.
— Disposer les piments dans un récipient et les farcir avec le mélange de boeuf.
— Napper les piments du reste de sauce.
— Couvrir et cuire à 100 % de 10 à 12 minutes ou jusqu'à ce que le degré de cuisson désiré ait été atteint. Retourner le plat à la mi-cuisson.
— Parsemer de fromage râpé; poursuivre la cuisson à 100 % 1 minute.
— Laisser reposer de 3 à 5 minutes sans découvrir; servir.

Complexité	🍴
Temps de préparation	25 min
Coût par portion	$
Nombre de portions	4
Valeur nutritive	505 calories 34,7 g de protéines 6,9 mg de fer
Équivalences	5 oz de viande 1 portion de pain 2 portions de légumes
Temps de cuisson	13 min
Temps de repos	3 à 5 min
Intensité	100 %
Inscrivez ici votre temps de cuisson	

Foie de boeuf
à la sauce brune

	Recette simple	Recette double
Complexité	🍴	🍴
Temps de préparation	10 min*	10 min*
Coût par portion	$	$
Nombre de portions	3	6
Valeur nutritive	408 calories 31,1 g de protéines 10,2 mg de fer	
Équivalences	3 oz de viande 1 portion de légumes 2 portions de gras	
Temps de cuisson	19 min	21 min
Temps de repos	aucun	aucun
Intensité	100 %, 70 %	100 %, 70 %
Inscrivez ici votre temps de cuisson		

* Tremper le foie dans du lait 24 heures au réfrigérateur.

Ingrédients

Recette simple		Recette double
450 g (1 lb)	de foie de boeuf	900 g (2 lb)
15 ml (1 c. à soupe)	d'huile	30 ml (2 c. à soupe)
1	oignon(s) espagnol(s) tranché(s)	2
500 ml (2 tasses)	de sauce brune (disponible dans le commerce)	1 l (4 tasses)

Préparation

— Laisser le foie de boeuf tremper dans du lait 24 heures au réfrigérateur.
— Égoutter soigneusement.
— Cuire l'oignon à 100 % 3 minutes; mettre de côté.
— Préchauffer un plat à rôtir à 100 % 7 minutes; enduire d'huile et remettre 30 secondes à 100 %.
— Saisir le foie.
— Ajouter la sauce chaude et l'oignon à la viande.
— Cuire à 70 % de 8 à 10 minutes.

96

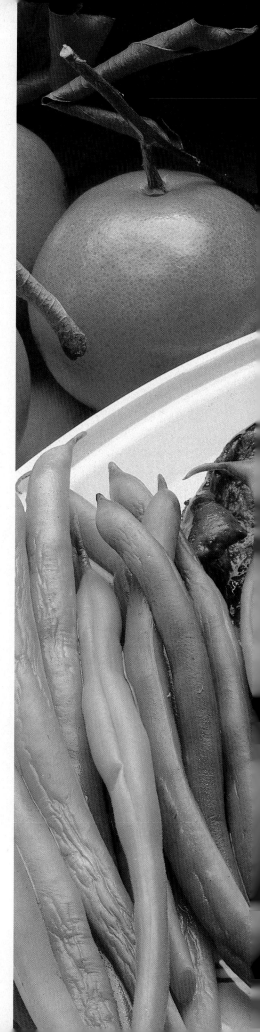

Votre table d'hôte

Au menu:
Potage de poireaux
Filet de boeuf mariné à la sauce
soya
Riz pilaf
Chou-fleur gratiné
Gâteau aux carottes

Quoi de plus agréable que de recevoir des parents ou des amis à dîner. Que ce soit par courtoisie, par amour de la bonne chère et de la conversation, un repas est toujours un moment où bonne humeur et plaisirs du palais font un heureux mariage. Réussir un repas complet aux micro-ondes est simple et permet aux hôtes les plus anxieux de relaxer avant l'arrivée de leurs invités. Cela n'exige que deux choses : un bon choix de plats et une préparation méthodique.

Voici quelques règles de base pour vous aider à élaborer vos menus.

1. Ne pas inclure au menu deux viandes rouges ou deux viandes blanches, sous diverses formes.

2. Ne pas servir une même viande sous deux formes différentes.

3. Éviter de proposer une volaille et un gibier à plumes dans le cours du même repas.

4. Ne pas servir les plats avec deux garnitures semblables ou deux sauces de la même famille (par exemple, une mayonnaise et une sauce tartare).

Armé de ces principes de base, vous serez en mesure de laisser libre cours à vos préférences et, pourquoi pas, à votre fantaisie. Car après tout, la cuisine est le lieu par excellence pour inventer, surprendre et... séduire.

De la recette à votre table

Ordre de préparation :
5 heures avant le repas :
— Préparer la marinade et y faire macérer le filet.
— Préparer le gâteau et votre glaçage préféré.

3 heures avant le repas :
— Préparer le potage de poireaux.

1 heure et 15 minutes avant le repas :
— Cuire le riz pilaf.

1 heure avant le repas :
— Cuire le chou-fleur et préparer la sauce blanche.

50 minutes avant le repas :
— Cuire le filet et recouvrir de papier aluminium.

15 minutes avant le repas :
— Préparer la sauce.

10 minutes avant le repas :
— Réchauffer le potage.

5 minutes avant le repas :
— Réchauffer les légumes et le riz.

Potage de poireaux

Temps de cuisson :
15 à 20 minutes

Ingrédients
3 poireaux
1 oignon
50 ml (1/4 de tasse) d'eau
250 ml (1 tasse) de purée
de pommes de terre
500 à 750 ml (2 à 3 tasses)
de lait
sel et poivre

Préparation
— Couper les poireaux et
  l'oignon en lamelles.
— Ajouter l'eau, couvrir et
  cuire à 100 % 6 à 7
  minutes.
— Laisser reposer
  2 à 3 minutes, passer au
  mélangeur en ajoutant
  un peu d'eau si
  nécessaire.
— Incorporer la purée de
  pommes de terre et
  fouetter pour bien lier.
— Verser le lait et
  assaisonner.
— Cuire à 70 % environ
  10 minutes, sans porter
  à ébullition.

Pour garnir dignement
votre filet de boeuf, vous
pouvez choisir parmi toute
la variété de légumes. De
préférence, inscrivez à votre
menu des légumes en
saison. Si votre repas est
servi en période hivernale,
nous vous recommandons
un assortiment de pommes
de terre, de jeunes carottes
entières et de brocoli, le
tout en portions modérées.
Vous présenterez ainsi une
assiette toute en couleurs et
en saveur, sans rien enlever
à l'éclat du chou-fleur
gratiné.

Riz pilaf

Temps de cuisson : 26 min
Temps de repos : 10 min

Ingrédients

500 ml (2 tasses) de riz
60 ml (4 c. à soupe)
de beurre
75 ml (1/3 de tasse) de
céleri coupé en dés
75 ml (1/3 de tasse)
d'échalotes tranchées
1 l (4 tasses) d'eau
bouillante

4 cubes de bouillon
de poulet
60 ml (4 c. à soupe)
de sauce soya
160 ml (2/3 de tasse) de
champignons tranchés

Préparation
— Fondre le beurre dans
  une casserole et ajouter

— le riz; cuire à 100 % de
  3 à 4 minutes.
— Dissoudre les cubes de
  bouillon de poulet dans
  l'eau bouillante et
  incorporer au riz avec le
  céleri, l'échalote et la
  sauce soya; bien
  mélanger.
— Couvrir et cuire à 100 %
  8 minutes; diminuer
  l'intensité à 70 % et
  poursuivre la cuisson
  15 minutes.
— Ajouter les champignons
  et remuer avec une
  fourchette.
— Couvrir et laisser reposer
  10 minutes.

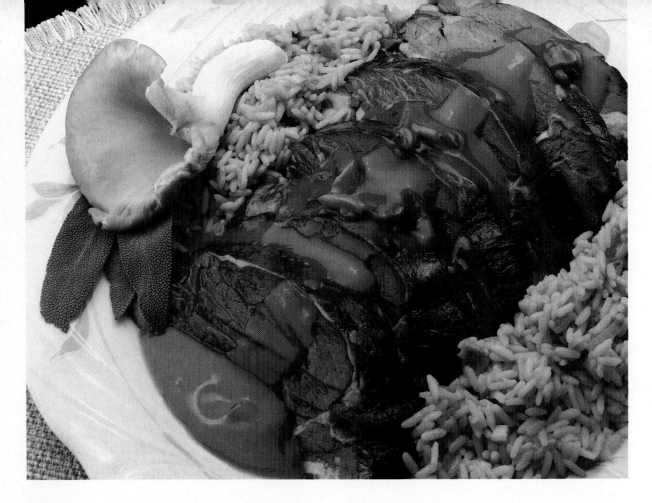

Filet de boeuf mariné à la sauce soya

Ingrédients

1,5 kg (3 lb) de filet de boeuf
poivre

Marinade :
75 ml (5 c. à soupe) de sauce soya
2 gousses d'ail hachées
45 ml (3 c. à soupe) de sherry sec
45 ml (3 c. à soupe) d'huile d'olive
Sauce :
30 ml (1 oz) de cognac
30 ml (2 c. à soupe) d'eau
30 ml (2 c. à soupe) de fécule de maïs
500 ml (2 tasses) de thé
250 ml (1 tasse) de champignons tranchés minces

Complexité	
Temps de préparation	15 min*
Coût par portion	$ $ $
Nombre de portions	8
Valeur nutritive	370 calories 39,3 g de protéines 6,45 mg de fer
Équivalences	4 oz de viande 1 portion de légumes 1 portion de gras
Temps de cuisson	de 14 à 20 min/kg (6 à 9 min/lb)
Temps de repos	10 min
Intensité	70 %, 100 %
Inscrivez ici votre temps de cuisson	

* La viande doit macérer pendant au moins 4 heures.

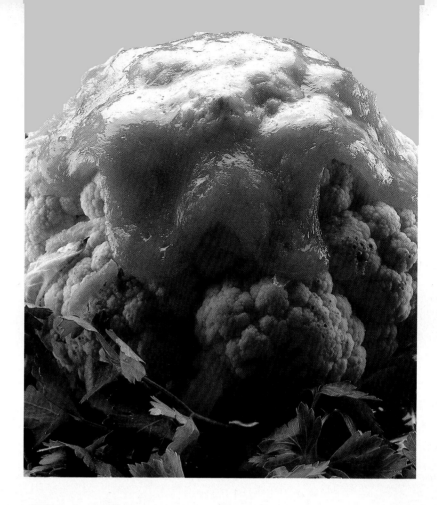

Préparation

— Mélanger tous les
ingrédients de la
marinade et y laisser
macérer le filet de boeuf
poivré et ficelé pendant
au moins 4 heures à la
température de la pièce;
le retourner et l'asperger
à chaque heure.
— Égoutter soigneusement
le filet; verser le reste de
marinade dans le
récipient de cuisson.
— Cuire sur une grille
surélevée, au goût.
— Déficeler et décorer avec
des échalotes, du citron
ou du persil.
— Déglacer le fond de la
grille, ajouter le cognac,
le thé et la fécule de
maïs délayée dans l'eau;
cuire à 100 % 4 minutes
ou jusqu'à épais-
sissement, en brassant
aux 2 minutes.
— Ajouter les champignons
et servir.

Chou-fleur gratiné

Temps de cuisson : 9 min

Ingrédients

1 chou-fleur entier
7 ml (1/2 c. à soupe) de
sucre
15 ml (1 c. à soupe) de
beurre
30 ml (2 c. à soupe) de
fromage râpé
30 ml (2 c. à soupe) de
chapelure
1 oignon vert haché
sel et poivre

Préparation

— Laver le chou-fleur et en
détacher les feuilles.
— Saupoudrer de sucre le
fond d'une casserole.
Y mettre le chou-fleur
la partie supérieure sur
le haut.
— Cuire le chou-fleur à
100 % 6 minutes ou
davantage, tournant le
plat d'un demi-tour à la
mi-cuisson.
— Ajouter le beurre,
l'oignon vert, le sel et le
poivre. Cuire à 100 %
2 minutes.
— Pour gratiner,
saupoudrer de fromage
et de chapelure et faire
cuire 1 minute à 100 %.

Gâteau aux carottes

Temps de cuisson : 17 à 20 min

Ingrédients
500 ml (2 tasses) de sucre
500 ml (2 tasses) de farine
7 ml (1-1/2 c. à thé) de
bicarbonate de soude
10 ml (2 c. à thé) de
poudre à pâte
10 ml (2 c. à thé) de
cannelle
10 ml (2 c. à thé) de sel
250 ml (1 tasse) d'ananas
râpés égouttés
500 ml (2 tasses) de
carottes râpées
4 oeufs
125 ml (1/2 tasse) d'huile
250 ml (1 tasse) de noix
écrasées
250 ml (1 tasse) de raisins

Préparation
— Tamiser la farine, le
  bicarbonate, la poudre à
  pâte, la cannelle et le sel
  et ajouter le sucre.
— Mélanger les carottes, les
  ananas, les noix, les
  oeufs, l'huile et les
  raisins.
— Bien mélanger les deux
  préparations.
— Graisser le moule avec
  du «Pam».
— Cuire surélevé dans un
  moule tubulaire de
  3,3 litres à 70 % de 16 à
  18 minutes, en tournant
  à la mi-cuisson.
— Augmenter l'intensité à
  100 % et poursuivre la
  cuisson de 1 à 2
  minutes.
— Laisser refroidir de 20 à
  30 minutes et renverser
  sur une assiette de
  service.

TRUCS

**Pour vérifier la cuisson
des gâteaux**

Un gâteau est cuit si un
cure-dent inséré entre le
centre du gâteau et le
rebord du plat en ressort
propre ou si une légère
pression du doigt ne laisse
aucune marque. De plus,
un gâteau cuit se décolle
de la paroi du moule suite
à son temps de repos.

Les mots du boeuf

Aromate : Plante, feuille ou herbe qui possède une odeur vive et pénétrante que l'on utilise pour donner aux mets un goût délicat et agréable.
Ex. : safran, cerfeuil, estragon, laurier, thym.

Arroser : Verser régulièrement sur une viande son jus ou sa graisse fondue, durant sa cuisson.

Assaisonner : Ajouter à certains mets des épices, du sel, du poivre, pour en rehausser la saveur.

Attendrir : Rendre moins fermes les viandes de boucherie en les laissant mariner, en les martelant ou en les piquant.

Badigeonner : À l'aide d'un pinceau, enduire la surface d'une viande de beurre, d'une préparation liquide ou d'oeufs battus.

Barder : Étendre de minces tranches de lard gras au fond ou sur les parois d'un moule pour protéger une viande durant sa cuisson et la nourrir de gras. (À ne pas confondre avec larder.)

Beurre manié : Beurre ramolli jusqu'à ce qu'il ait la consistance d'une pommade à laquelle on ajoute une égale quantité de farine.

Bouquet garni : Herbes et plantes aromatiques attachées entre deux petites branches de céleri ou entre des queues de persil pour aromatiser certains plats ou préparations (potages, ragoûts, etc.).

Braiser : Faire cuire longuement à feu doux dans une petite quantité de liquide, à couvert, de façon à conserver aux viandes tous leurs sucs.

Déglacer : Verser un liquide quelconque (eau, bon vin sec, crème ou vinaigre) dans le récipient où l'on a fait cuire une viande dans le but d'en récupérer les sucs perdus en cours de cuisson.

Émincer : Couper en tranches très minces, des légumes, fruits ou viandes.

Enfariner :	Couvrir la surface d'une viande d'une couche mince et uniforme de farine.
Faire revenir :	Sauter au beurre ou à la graisse, une viande ou un légume sur un feu vif.
Flamber :	Arroser une préparation d'alcool que l'on fait brûler.
Fouetter :	Battre vivement, à l'aide d'un fouet ou au malaxeur, une substance pour y incorporer de l'air et la rendre épaisse et très légère.
Frémir :	Faire chauffer un liquide juste au-dessous de son point d'ébullition.
Larder :	Enfoncer dans une pièce de boucherie des filets de lard gras plus ou moins longs afin d'engraisser la pièce durant la cuisson.
Macérer :	Laisser tremper une substance dans un liquide pour qu'elle prenne la saveur et s'imprègne de son parfum.
Mariner :	Mettre une viande à tremper dans une marinade (un mélange d'huile, de jus de citron, de vin ou de vinaigre et d'assaisonnements) dans le but de l'attendrir et de la parfumer.
Mijoter :	Faire cuire doucement, sans ébullition, à feu très doux.
Napper :	Couvrir un mets quelconque, une fois qu'il a été placé dans son plat de service, de la sauce d'accompagnement.
Persillé :	Se dit d'une viande de boeuf parsemée de courants de graisse. Une viande de qualité présente généralement un léger persillage.
Réduire :	Action de faire évaporer un liquide pour en relever la saveur et le rendre plus consistant.
Rissoler :	Faire sauter un aliment au beurre pour lui donner une couleur dorée.
Saisir :	Débuter la cuisson d'une viande à feu vif.

Les appellations culinaires

Vous est-il déjà arrivé de
lire un menu et de ne pas
comprendre les mots
utilisés pour nommer un
plat? Les appellations
culinaires sont nombreuses
et nous viennent la plupart
du temps de la bonne
vieille France. Pour vous
aider à vous y retrouver,
voici une courte liste de ces
appellations et de leur
description.

Bordelaise : à base de moelle.

Bourguignonne : à base de lardons, champignons et petits oignons.

Crecy : à base de carottes.

Diable (à la) : à base de vinaigre et moutarde.

Espagnole : à base de tomates, oignons, poivrons.

Forestière : à base de champignons.

Lyonnaise : à base d'oignons.

Parmentier : à base de pomme de terre.

Provençale : à base de tomates et ail.

Soubise : à base d'oignons.

Washington : à base de maïs.

Index

A   **Page**
Achat et conservation du boeuf **15**
Ail
— Pour peler des gousses _____
   sans difficulté **59**
Apparence et brunissage
   des viandes **13**
Appellations culinaires (Les) ..**108**
Aromates, épices et condiments
   pour le boeuf **28**
Attendrir
— Pour _____ les coupes moins
   tendres **46**

B
Bacon
— pour séparer les tranches
   de _____ congelées **49**
Bifteck d'aloyau **64**
Bifteck Sukiyaki **42**

Boeuf à la bière **58**
Boeuf au céleri et au bacon ...**54**
Boeuf aux olives **68**
Boeuf bourguignon **56**
Boeuf braisé **66**
Boeuf chinois **52**
Boeuf strogonoff **40**
Bouilli.....................**62**
Boulettes
— pour préparer des _____ ...**86**
— recette de base pour _____ .**90**
Brochettes de boeuf **60**

C
Casserole de boeuf haché **72**
Champignons (Les)...........**43**
Chili **94**
Chou-fleur gratiné...........**103**
Choux farcis **70**
Congélation
— des morceaux de forme
   irrégulière **15**
— des pains de viande **85**
— du boeuf **16**
Congeler
— pour _____ de grandes
   quantités de boeuf haché....**73**
Côtes de boeuf à la sauce
   barbecue..................**36**
Coupes du boeuf (Les) **8**
Cuisson des légumes (La) **27**

D
Décongélation (La) **19**
— et cuisson réunies **22**

F
Filet de boeuf mariné
   à la sauce soya **102**
Filet mignon **51**
Fines herbes
— pour faire sécher les _____ **50**
Foie de boeuf à la sauce brune .**96**

G
Gâteau
— aux carottes **105**
— pour vérifier la
   cuisson des _____ ...**105**

H
Hambourgeois **78**

J
Jardinière de boeuf **45**

L
Liste des collaborateurs **110**

M
Macaroni chinois **92**
Macération des coupes moins
   tendres (La)...............**25**
Mot de l'éditeur **4**
Mots du boeuf (Les)........**106**

N
Niveaux de puissance **6**

O
Odeur de cuisson
— pour faire disparaître
   toute _____ du four.......**55**
Omelette au boeuf **74**

P
Pain de viande
— à la sauce aigre-douce **83**
— à la sauce chili **84**
— aux épinards **80**
Particularités de la viande
   et les micro-ondes **11**
Pâté chinois **93**
Piments farcis...............**95**
Plat à rôtir (Le) **37**
Potage de poireaux **100**

R
Ramequin de boeuf **76**
Repas-minute
— pour un _____ en quelques
   secondes..................**18**
Riz pilaf **101**
Rosbif
— de côtes croisées **32**

— de surlonge roulé **30**
Roulades de boeuf
   à la moutarde **48**

S
Sauce
— aigre-douce **89**
— à l'italienne **88**
— béarnaise **35**
— bordelaise...............**34**
Sonde thermique
— comment cuisiner
   avec la _____ **44**

T
Table d'hôte (Votre) **98**
— potage de poireaux **100**
— riz pilaf................**101**
— filet de boeuf mariné
   à la sauce soya **102**
— chou-fleur gratiné **103**
— gâteau aux carottes **105**
Table de conversion **7**
Temps de cuisson **22**

U
Ustensiles de cuisson **26**

Répertoire des TRUCS MO

La congélation des morceaux
   de forme irrégulière **15**
Pour un repas-minute
   en quelques secondes....**18**
Décongélation et
   cuisson réunies.........**22**
Macération des coupes
   moins tendres..........**25**
La cuisson des légumes....**27**
Le plat à rôtir **37**
Les champignons **43**
Comment cuisiner avec
   la sonde thermique **44**
Pour séparer les tranches
   de bacon congelées **49**
Pour faire sécher
   les fines herbes **50**
Pour faire disparaître toute
   odeur de cuisson du four **55**
Pour peler des gousses
   d'ail sans difficulté **59**
Pour congeler de grandes
   quantités de boeuf haché.**73**
La congélation des pains
   de viande **85**
Pour vérifier la cuisson
   des gâteaux **105**

Ont collaboré à la Grande Collection
Micro-Ondes :

**Choix de recettes et assistance
technique :**
École de cuisine Bachand-Bissonnette
Conseillers culinaires :
Michèle Émond, Denis Bissonnette
Diététiste :
Christiane Barbeau
Photos :
Laramée Morel Communications
Audio-Visuelles
Stylisme :
Claudette Taillefer
Adjoints : Anne Gagné
            Nathalie Deslauriers
            Sylvain Lavoie
Accessoiristes : Andrée Cournoyer
Rédaction : Communications
            La Griffe Inc.
Révision des textes : Cap et bc inc.
Montage : Marc Vallières
            Vital Lapalme
            Carole Garon
            Jean-Pierre Larose

Directeur de la production :
Gilles Chamberland
**Directeur artistique
et responsable du projet :**
Bernard Lamy
Conseillers spéciaux :
Roger Aubin
Joseph R. De Varennes
Gaston Lavoie
Kenneth H. Pearson
Réalisation :
Le Groupe Polygone Éditeurs Inc.

Les éditeurs de la Grande Collection
Micro-Ondes considèrent que les
informations qu'elle contient sont
exactes. Toutefois, la publication de
l'ouvrage n'entraîne aucune garantie
quant aux résultats des préparations
culinaires. De plus, les éditeurs
n'assument aucune responsabilité
concernant l'usage des
recommandations et indications
données.

Nous remercions les maisons
PIER 1 IMPORTS et LE CACHE POT
de leur participation à l'illustration
de cette encyclopédie.